Inderst/Gohl/Schönborn,
Österreich mit dem Zug erleben

Titelbild: 440 Höhenmeter hat die Zahnradlok Nr. 2 der Achenseebahn seit dem Ausgangsbahnhof Jenbach gewonnen, als sie im Bahnhof Eben Zwischenstation macht. Gleich geht es weiter nach Seespitz (Foto: Reichert)

CIP-Einheitsaufnahme
Österreich mit dem Zug erleben:
Informationen, Bahn-Routen und die
90 schönsten Bahn-Erlebnisziele /
Markus Inderst/Ronald Gohl/Hans-Bernhard Schönborn – 1. Auflage
München: GeraMond Verlag, 2000
ISBN 3-932785-72-X
NE: Markus Inderst/Ronald Gohl/Hans-Bernhard Schönborn

Die Ratschläge, Bilder und Routenvorschläge in diesem Buch sind von den Autoren und vom Verlag sorgfältig erwogen und geprüft worden, dennoch kann eine Garantie nicht übernommen werden. Die Reise nach diesen Vorschlägen erfolgt auf eigene Gefahr. Eine Haftung der Autoren bzw. des Verlages und seiner Beauftragten für Personen-, Sach- und Vermögensschäden aller Art, die aus den im Buch gemachten Hinweisen resultieren, ist ausgeschlossen. Für alle Preisangaben gilt: Stand Frühjahr 2000!

ISBN 3-932785-72-X

1. Auflage 2000

Mitarbeiter Bild- und Textredaktion: Markus Inderst, Ronald Gohl, Dr. Hans-Bernhard Schönborn, Dr. Helmut Petrovitsch, Ernst Lassbacher, Sandro Sigrist, Tibert Keller, Karl Wildberger, Ernst Kabelka, Robert Schrempf, A. Schmutz, Dietmar Zehetner, Vally Gohl, Patrick Rudin, Norbert Hödl, Christian Dittmer, Michael Voellinger, Ing. Manfred Schneider, Helmut Bogner, Christoph Posch

Idee, Konzept und Gestaltung: Edition Lan AG
Schlussredaktion: Rudolf Heym
Herstellung: Frank Ladd
Printed in Italy by Printer Trento s.r.l.

Markus Inderst
Ronald Gohl / Hans-Bernhard Schönborn

Österreich
mit dem Zug erleben

Informationen, Bahnrouten und
die 90 schönsten Bahn-Erlebnisziele

GeraMond

Editorial

Liebe Leserinnen und Leser!

Österreich ist mit seinen 84 000 km^2 zwar ein kleines Land, aber hat viel an Naturschönheiten und vor allem an Kultur zu bieten. Man denke hier nur an die schöne Bergwelt in den westlichen Bundesländern oder an die markanten Kulturschätze in Wien und Salzburg.

Die östlichen Ausläufer der Alpen ziehen wie ein Keil vom Westen in den Osten Österreichs. Während in Vorarlberg, Tirol, Salzburg und Kärnten über 3000 m hohe Berggipfel die mächtige Bergwelt bereichern, bildet der Schneeberg mit knapp 2000 m den höchsten Berg des östlichen Alpenvorlandes.

Die topographischen Verhältnisse machten den Bahnbau nicht gerade einfach. Damit die damaligen Privatbahnen oder auch die Kaiserlich-königliche Staatsbahn (KkStB) wichtige Bahnlinien bauen konnte, mußten in mühsamer Arbeit zahlreiche Kunstbauten errichtet werden. Ende 1999 verliefen an die 128 km in Tunnels und ca. 125 km auf Brücken. Nicht zu vergessen sind auch die umfangreichen unterirdischen Stollenanlagen der vielen Staukraftwerke in den Alpenregionen und auch das unterirdische Stollensystem des österreichischen Bundesheeres.

Viele enge Alpentäler als auch die Seitentäler haben bis heute weitgehend ihre Naturschönheit behalten. Sie laden den Gast regelrecht dazu ein, hier zu verweilen, um neue Kraft in frischer Alpenluft und Natur zu tanken, um auszuspannen und sich zu erholen. Dies ist auch ein Beweis dafür, daß Österreich ein äußerst beliebtes Reise- und Urlaubsland ist. Und gerade aus diesem Grund wurden zahlreiche schmalspurigen Bahnstrecken errichtet, die zunächst die Wirtschaft und heute den Tourismus regelrecht beleben. Sie zeichnen sich durch Vielfalt, Farbigkeit und auch Gemütlichkeit aus. Viele der heutigen Bergstrecken hielten als Vorbild für Modellbahnvereine her, die schöne Landschaft maßstabsgetreu nachzugestalten.

Bild: Markus Inderst

Doch nicht nur Bahnfans reisen mit der Bahn durch Österreich. Die recht guten Verbindungen und die günstigen Tarife machen die Bahn in Österreich zu einem beliebten Verkehrsmittel für Nah und Fern.

Ich wünsche allen interessierten Österreich-Reisenden viel Spaß mit der Lektüre und bei allen späteren Reisen durch das faszinierende Berg-, Kultur- und Eisenbahnland Österreich.

Markus Inderst

Inhaltsverzeichnis

Das Bahnsystem Österreichs . . .7
ÖBB: gestern, heute, morgen 8
Privatbahnen in Österreich 16
S-Bahnen .18
U-Bahnen .20
Straßenbahnen 22
Zahnradbahnen 24
Touristenbahnen 26
Triebfahrzeugbau 28
Waggonbau 30
Tarifsystem 31
Reservierungen 33
Bahnhöfe .34
Gepäck / Service an Bord 36
Fahrräder 38
Mietwagen 39
Korridorzüge 40

Die 7 schönsten Fernstrecken 42
Arlbergroute 44
Brennerroute 58
Tauernroute 52
Semmeringroute 56
Karawankenroute 60
Karwendelroute 62
Neumarkter Sattel 64

Die 90 schönsten Bahn-Ziele .66
Übersichtskarte 68

ÖBB-Bundesbahnen (Normalspur) . .70
Phyrnpaß .72
Salzkammergut 73
Gesäuse 74
Ennstal 75
Schoberpaß 76
Wachau 78
Kamptal 79

ÖBB-Bundesbahn (Schmalspur) 81
Mariazeller-Bahn 82
Ybbstal-Bahn 84
Waldviertel-Bahn 87
Pinzgauer-Lokalbahn 88
Krumpen .90

ÖBB-Zahnradbahnen 91
Hochschneeberg 92
Schafberg 93

Privatbahnen 95
Montafonerbahn 96
Stubaitalbahn 97
Zillertalbahn 98
Dampfbahn Achensee 100
Salzburger Lokalbahn 101
Stern&Hafferl, VA-Lokalbahn 102
Stern&Hafferl, GV-Lokalbahn 103
Straßenbahn Gmunden 104
Stern&Hafferl, LH-Lokalbahn 105
Stern&Hafferl, LV-Lokalbahn 106
Stern&Hafferl, LILO 107
Pöstlingbergbahn 108
Höhenbahn 109
Neusiedlerbahn 110
Die Südburgenländische 111
GySEV 112
StLB PÜ-Lokalbahn 113
StLB GW-Lokalbahn 114
StLB FBG-Lokalbahn 115
StLB Murtalbahn 116
Graz–Köflacher-Bahn 117
Wiener Lokalbahn 118

Museen und Museumsbahnen 119
Bregenzerwaldbahn 120
Knittelfeld 121
Eisenbahnfreunde Lienz 122
Schwechat VEF 123
Sigmundsherberg 124
Straßhof .125
Erzbergbahn 126
Feld- und Industriemuseum 127
Florianerbahn 128
Gurktalbahn 129
Höllenthalbahn 130
Rhein-Regulierungsbahn 131
Liliputbahn 132
Kohlebahn 133
Museumstramway Mariazell 134
NÖBL-Ybbstalbahn 135
Nostalgiebahn in Kärnten 136
Pferde-Eisenbahn Kerschbaum . . .137
SKGLB-Museum Mondsee 138
Stainzer Flascherlzug 139
Steyrtal-Museumsbahn 140
Taurachbahn 141
Thörlerbahn 142
Tiroler Museumsbahnen 143

Tramway-Museum Graz 144
VOEST-Stahlwerke; DORA-Club . .145
Waldviertel Schmalspurverein 146

Straßen- und U-Bahnen 147
Innsbrucker Verkehrsbetriebe IVB .148
ESG Linz .149
Grazer Verkehrsbetriebe GVB 150
Wiener Verkehrsbetriebe WVB . . .151
Tramwaymuseum Wien 152
U-Bahn Wien 153
Serfauser Alpen-U-Bahn 154

Modellbahnen 155
Köttmannsdorf 156
Knittelfeld 157
Mondsee .158
Mexikoplatz, Wien 159

Standseilbahnen 160
Arlberger Kandahar-Bahn 162
Pitz-Expreß 164
Olympia-Bahn 167
Hungerburg-Bahn 169
Rosshütte-Bahn 171
Hartkaser-Bahn 174
Salzburger Festungs-Bahn 176
Schlossalm-Bahn 178
Kitz-Expreß 180
Lärchwand-Schrägaufzug 183
Reisseck-Bahn 184
Pasterzen-Bahn 185
Kreuzeckbahn 188
Grazer Schloßberg-Bahn 189
Hallstätter Salzberg-Bahn 190
Wurzenalm-Bahn 191

1.

Das Eisenbahnsystem Österreichs

Bild: Sammlung Dr. Helmut Petrovitsch

Letzter Dampf-D-Zug am Arlberg, fotografiert bei Ausserwald am 13.05.1925.

Die Entwicklung des Streckennetzes

Von der Pferdebahn Gmunden zum viergleisigen Westbahn-Ausbau

Die Grundsteine zum heutigen Eisenbahnnetz in Österreich gehen bereits auf zahlreiche Werkbahnen mit oder ohne Pferdebespannung des 18. Jahrhunderts zurück, und es dauerte nicht lange, bis Pferdebahnen aus ihnen hervorgingen. Die erste und hier unabdingbar nennenswerte ist die Pferdebahn Gmunden–Linz–Budweis. Sie ging am 7. September 1827 in Betrieb und leitete das Zeitalter des Eisenbahnbetriebes in Österreich ein. Sie wich zwar mit ihrer Spurweite von 1106 mm von den üblichen Maßen der Normalspur (1435 mm) ab, war jedoch die erste Nord-Südverbindung.

1829 entwarf Franz Xaver Riepl einen ersten Verkehrswegeplan. Dieser sah vor, daß in der Monarchie ein 2200 km langes Eisenbahnnetz von der galizisch-russischen Grenze über die Reichsmetropole Wien bis nach Triest zur Adria führen sollte.

Es sollte noch bis 1837 dauern, als es unter mühsamen Anstrengungen dem Bankier Salomon Freiherr von Rothschild gelang, bei der neugegründeten Kaiserlich-Ferdinands-Nordbahn den ersten Dampfbahnbetrieb auf der Strecke Floridsdorf–Deutsch Wagram aufzunehmen.

Zur gleichen Zeit war auch der als Bankier tätige Sina bestrebt, zwei Eisenbahnstrecken südlich der Donau zu bauen. Es waren die Linien von Wien nach Raab (heute Györ) und nach Sopron über Wiener Neustadt, die zuerst als Wien-Raaber und später dann als Wien-Gloggnitzer Eisenbahngesellschaft firmierten.

Es zeichneten also für den Bau der ersten Eisenbahnen in Österreich gleich zwei Bankhäuser verantwortlich, die die Zukunft der Eisenbahn erkannt hatten, und denen es viel leichter erschien, Kapital für den Eisenbahnbau zu beschaffen.

Wirtschaftliche Probleme führten allerdings dazu, daß Freiherr von Kübeck auf den Plan gerufen wurde und dieser

einen neuen Verkehrswegeplan erstellte, der nun vorsah, daß die Monarchie ein eigenes Eisenbahnnetz bauen sollte. Seine Pläne waren aus damaliger Sicht sehr weitsichtig, umfassten sie doch folgenden Forderungen:
1) den Gesamtausbau der Südlinien (Wien–Triest)
2) eine neue Stammlinie in die Nordprovinzen (Wien–Prag–sächs. Staatsgrenze bei Bodenbach)
3) eine Westbahn nach Bayern (heute Wien–Linz–Salzburg) und
4) eine von Mailand nach Venedig zu führende Bahn, die das Kronland mit dem zum Habsburgerreich gehörenden oberitalienischen Provinzen (die Lombardei und Venezien) verbinden sollte.

Bereits am 21. Oktober 1844 war die Strecke Mürzzuschlag via Graz nach Cilli dem Betrieb übergeben worden, und allmählich wurden Stimmen laut, man möge doch den Lückenschluß zwischen Gloggnitz und Mürzzuschlag vollziehen.
Mit der ersten Überschienung eines Gebirgspasses wurde Carl Ritter von Ghega betraut. Sein Meisterwerk – die weltberühmte und heute zum Weltkulturgut gehörende Semmeringbahn – konnte nach kühner Trassenlegung am 17. Juli 1854 eröffnet werden. Die Strecke Wien–Triest war ab 15. Oktober 1857 durchgehend befahrbar.
1859 erfolgte dann die Eröffnung der Inntalstrecke von Kufstein bis nach Innsbruck. Die Weiterführung nach Süden über den Brenner nach Bozen konnte im Jahre 1867 eröffnet werden.
Es bildete sich neben dem staatlichen Streckennetz auch ein sogenanntes Privatbahnnetz aus, wobei einige von diesen bis 1854 vom Staat eingelöst wurden. Wirtschaftliche und auch fiskale Probleme des Kaiserhauses erzwangen eine Novellierung des Eisenbahnkonzessionsgesetzes, und damit wurde die zweite Privatbahnwelle eingeläutet. Dieses Gesetz sah neben der Realisierung wichtiger Bahnlinien auch die staatliche

BILD: SAMMLUNG DR. HELMUT PETROVITSCH

Probefahrt der Siemens E-Lok 1170.204 bei St.-Jodok im Februar 1934.

ANEKDOTE

Das Dahingleiten des Zuges auf der schönen weiten Bahn gewährte einen imposanten Anblick. Jubelgeschrei und freudiger Zuruf erscholl ihm von allen Seiten. Man begrüßte ihn mit Freudenschüssen, Schwenken der Hüte usw. und rings zeigte sich der lebendigste Anteil an der interessanten Fahrt.

Die Bewegung selbst ist für den Fahrenden von der angenehmsten Art. In den bequemen Sitzen ruhend, ohne die geringste Erschütterung, so daß man während der Fahrt bequem lesen kann, gewahrt man die außerordentliche Schnelligkeit nur an dem magischen Vorübergleiten der an der Bahn stehenden Zuschauer, welche wie in einer laterna magica erscheinen und verschwinden.

Franz Carl Wiedmann, Wiener Allgemeine Theaterzeitung, Wien, 1837

Einflussnahme in die Betriebsführung und bei den Tarifen vor.
Die weitere Finanznot der Monarchie, besonders unter dem jungen Kaiser Franz Joseph I., führten zu einer Verschleuderung des Staatsbahnvermögens an französische Finanziers. Ab sofort wurde den Investoren neuer Bahnlinien neben der Konzessionsvergabe auch eine staatliche Zinsgarantie zugesprochen, und dies führte dazu, daß ab 1866 wichtige Bahnstrecken zur Erschließung der rohstoffreichen Gebiete Böhmens an das Reich gebaut wurden, die sich auf die heimische Industrie sehr positiv auswirkten.
Diese Periode ließ das österreichische Eisenbahnnetz erneut anwachsen. Zwischen 1856 und 1861 wurde die Westbahn samt der Stichbahn nach Passau eröffnet. 1863/64 erfolgte die Eröffnung der Strecke von Marburg nach Klagenfurt und der anschließenden Teilstrecke nach Villach. 1871 war der Anschluß an die von Karl Etzel gebaute Brennerbahn durch das Drau- und Pustertal hergestellt. Und die Kronprinzen-Rudolfsbahn stellte noch im Jahre 1872 eine durchgehende Verbindung von St. Valentin durch das Gesäuse, über den Schoberpaß und den Neumarkter Sattel nach Villach über Feldkirchen fertig.

1873 trat eine wirtschaftliche Rezession ein, und es wurde der Entschluß gefaßt, den Bahnbau wiederum auf Staatskosten, sozusagen als Notstandhilfe, auszuführen. Es entstanden die Istrianer, die

Tarnow-Leluchower Bahn, die Dalmatiner-Eisenbahn und die Linie von Rakonicz nach Protivin.
1875 wurde die Querverbindung von Bischofshofen nach Selzthal eröffnet – die Ennstallinie – und im Abgeordnetenhaus erfolgte der Beschluß zum weiteren Bau wichtiger Bahnlinien. Darunter waren unter anderem die Donau-Uferbahn, die Arlbergbahn, die Predilbahn und die böhmische Transversalbahn. Der Staat sah sich aber weiterhin dazu genötigt, in wirtschaftliche Probleme geratene Privatbahnen zu übernehmen. Es folgten Sequestrierungsgesetze (1880), die die Regierung ermächtigten, die Betriebsführung der übernommenen Bahnen auf die neugegründete Staatsbahn, die KkStB, zu übertragen. Und dies wurde bis 1909 auch fast allen noch im Reich tätigen Privatbahnen zuteil, außer der Südbahn, die bis in das Jahr 1924 einen Sonderstatus einnahm. Im Jahre 1884 wurde eine der wichtigsten West-Ost-Verbindungen eröffnet, die Arlbergbahn, die von nun an im

BILD: MARKUS INDERST

Die ÖBB-Lokomotive 1020.042 bei St. Anton am Ostportal des Arlbergtunnels.

Streckenabschnitt Bludenz–Landeck die beiden westlichsten Ländereien verband. Bis zum Ausbruch des Ersten Weltkrieges wurde noch eine wichtige Nord-Süd-Verbindung realisiert. Dies waren in Abschnitten die Phyrnbahn (1906), die Tauernbahn (1909), die Karawankenstrecke und weiterführende Wocheinerbahn bis Triest.
Noch kurz vor dem Ausbruch des Ersten Weltkrieges wurde im Jahre 1912/1913 die Karwendel- und Außerfernbahn eröffnet, die erste als elektrische Vollbahn mit 15 kV und 16,7 Hz betriebenene Gebirgsbahn, die Tirol mit Bayern verbindet.
Während des Ersten Weltkrieges diente die Eisenbahn in Österreich überwiegend zum Transport von Kriegsmaterial, auch erreichte das Eisenbahnnetz bis dahin die größte Ausdehnung von ca. 46.000 km.
Umso schmerzlicher war dann der Zusammenfall der Monarchie im November 1918, als große Ländereien, wie die damalige Tschechoslowakei, Ungarn oder auch die Gebiete im Balkan sich in souveräne Staaten wandelten. Gerade in diesen Gebieten lagen nicht nur viele, sondern auch sehr wichtige Eisenbahnverbindungen in die früheren Kronländer, die anschließend in das Eigentum der Nachfolgebahnverwaltungen fielen. Des weiteren ergab sich durch die neue Grenzziehung das Problem, daß einige Strecken über fremdes Territorium führten, was die Betriebsführung erschwerte oder gar verhinderte, wie zum Beispiel in Südtirol, daß seither zu Italien gehört.

Die Zwischenkriegszeit stellte daher eine neue Herausforderung für den doch beachtlich geschrumpften Staat Österreich dar, der nun lediglich 1/8 seiner ursprünglichen territorialen Ausdehnung erreichte. Diese Zeit war durch die mangelnde Wiederbelebung der heimischen Wirtschaft gekennzeichnet. Steigende

BILD: MARKUS INDERST

Lok 1142.655 unterwegs nach Mürzzuschlag, dahinter Rax und Schneeberg.

STAATSBAHN

Deutschösterreichische Staatsbahn **DöStB**
12.11.1918 – 20.10.1919

Österreichische Staatsbahn **ÖStB**
21.10.1919 – 31.3.1921

Bundesbahnen Österreichs **BBÖ**
1.4.1921 – 18.3.1938

Österreichische Bundesbahnen **ÖBB**
seit 5.8.1947

Inflation und Arbeitslosigkeit trugen das übrige bei, und die BBÖ – nunmehr als Wirtschaftskörper – sahen sich gezwungen, selbst wirtschaftlich zu agieren, dazumal die Genfer Konvention den BBÖ dringend zu Reformen riet. Schmerzliche Rationalisierungen, insbesondere beim Personal, waren die Folge. Dies führte dazu, daß die BBÖ wichtige Bergstrecken auf elektrische Traktion umstellten, und damit wesentlich schnellere Fahrzeiten einhergingen. Die teure Dampftraktion wurde durch die billigere E-Traktion substituiert. Außerdem wurde versucht, durch Arbeitsbeschaffungsprogramme (Waggonumbauprogramme) die Wirtschaft anzukurbeln. Doch die Weltwirtschaftskrise ließ alle diese Maßnahmen nicht greifen, und die Betriebsergebnisse der BBÖ wurden von Jahr zu Jahr schlechter. Die Okkupation und die anschließende Annektion Österreichs durch das Deutsche Reich unter Hitler ließ zunächst die Wirtschaft und den Eisenbahnbetrieb erblühen. Die neuen Handelsbeziehungen erforderten eine vor allem leistungsfähige Eisenbahn, so daß bei eingleisigen Streckenabschnitten ein zweites Gleis hinzugelegt wurde. Mit der Annektion wurde die BBÖ ab dem 18. März 1938 Teil der Deutsche Reichsbahn. Die Eisenbahn war während der Kriegsjahre in Österreich das wichtigste Transportmittel für

BILD: MARKUS INDERST

Der Triebzug 4030.311 passiert das einzige längere, eingleisige Stück der Schoberpaßlinie bei Unterwald.

die Versorgung der Front mit Kriegsmaterial. Schlimm sah es bei Kriegsende aus, als die Alliierten die zahlreichen und wichtigen Bahnknotenpunkte bombardierten und dadurch großen Schaden anrichteten. Es dauerte nicht nur Tage, um notdürftig ein einziges Durchgangsgleis wieder herzustellen, sondern Jahre, bis alle Eisenbahnbrücken über die Donau wieder befahrbar waren.
Auch die Beschädigungen an den Bahnanlagen nach dem Krieg waren recht unterschiedlich: Während die Bahnanlagen rund um Wien, in St. Pölten, in Selzthal oder auch in Innsbruck einen äußerst desolaten Zustand aufwiesen, blieben eher unbedeutende Strecken wie in Vorarlberg fast verschont. Es wurde

Markant erhebt sich die Karwendel-Gebirgsgruppe hinter dem Zug bei Seefeld.

daher mit allem Nachdruck die Beseitigung aller Kriegsschäden verordnet, die es schließlich ermöglichte, die Bevölkerung mit wichtigen Lebensmitteln zu versorgen.
Gleich nach der Kapitulation Deutschlands getreu der Moskauer Deklaration aus dem Jahre 1943 ging man daran, die Schienenwege wieder auf Vordermann zu bringen, was zwar gelang, aber es dauerte noch Monate, bis ein unbehinderter Reise- und Güterverkehr innerhalb Österreichs, das nach Kriegsende bis 1955 in vier Besatzungszonen aufgeteilt war, möglich war. Schon während dieser Zeit war klar, daß im Einklang mit der Wiederherstellung der unabhängigen Republik Österreich auch die ehemaligen Eisenbahndirektionen unabhängig fungieren mußten, ehe sie etwas später einer einheitlichen Leitung unterstellt wurden.
Die Eisenbahn war nach dem Zweiten Weltkrieg das wichtigste Verkehrsmittel, und es wurde mit dem wenigen vorhandenen, noch intakten Rollmaterial versucht, wenigstens für Pendler einen Zugbetrieb zu installieren, denn an einen richtigen Fahrplan war vor 1948 gar nicht zu denken.
Die Kohleknappheit während der Nachkriegszeit erzwang die weitere Elektrifizierung sämtlicher wichtiger Hauptstrecken von Salzburg in Richtung Wien, womit nicht nur die Dampftraktion zurückgedrängt wurde, sondern sich auch die Fahrzeiten wesentlich verkürzten, was sich in der steigenden Akzeptanz der ÖBB widerspiegelte.
Probleme gab es allerdings noch immer durch die neue Grenzziehung nach dem Ersten Weltkrieg. Frühere, durchgehende Verbindungen waren unterbrochen. Die Lösung suchte man mit Korridorzügen, doch brachten die strengen Grenzkontrollen ungewollt lange Aufenthalte mit sich. Dies führte schließlich dazu, daß 1964 die 20 km lange Jauntalbahn (St. Paul–Bleiburg) gebaut wurde, die erste Neubaustrecke nach dem Krieg.

Die ÖBB war allerdings in der Aufschwungphase vor wirtschaftlichen Problemen nicht gefeit. Es wurde mehrmals der politische Versuch unternommen, die ÖBB dem Kommerzialisierungsgedanken auszusetzen. Gerade die immer wiederkehrenden hohen Defizite des Staatsunternehmens führten zu nie enden wollenden Diskussionen.

BILDER: MARKUS INDERST (OBEN), ÖBB/ARCHIV LAN (RECHTS)

Die Lösung kam mit einem potientiellen Beitritt Österreichs zur Europäischen Union, dessen Gesetzesgrundlage eine Ausgliederung der ÖBB aus dem Bundesbudget erzwang und eine Gliederung zwischen Absatz und Infrastruktur vorsieht. Seit dem 1. 1. 1992 ist die ÖBB eine Sondergesellschaft, die im Eigentum der Republik Österreich steht, und deren privatwirtschaftliche Verwaltung eine freie, dem Markt entsprechende Unternehmensführung ermöglicht. Seit der Ausgliederung ist es der ÖBB zwar gelungen, gerade im Güterverkehr wesentliche Erfolge zu erzielen, so daß der Personenzugverkehr immer mehr in das Hintertreffen geriet, was aber nach den neuesten Planungen ab 2002 völlig anders werden soll.

Die ÖBB ist heute Sicht dem freien Binnenverkehr in der Europäischen Union ausgesetzt und steht umso mehr nicht nur in Konkurrenz zu anderen Bahnverwaltungen, sondern auch zum steuerlich immer mehr begünstigten Straßenverkehr. Doch ist man in Österreich bemüht, gerade durch Millarden-Investionen in modernes Rollmaterial und Bahnhöfe, das Schienennetz attraktiver zu machen.

Hier sind vor allem der zweigleisige Ausbau der Schoberpaßlinie, der Strecke Villach–Tarvis, der Tauernbahn und der Arlbergbahn in den letzten Jahren zu nennen. Ein weiterer Bereich ist die Sicherungstechnik, die ebenso große Investitionssummen verschlingt wie der viergleisige Ausbau der Westbahnstrecke zwischen Wien und Linz. Erwähnenswert ist auch die neueröffnete Verbindung in die Slowakei, Parndorf–Kittsee–Bratislava.

1853 wurde am Semmering die erste Gebirgsbahn der Alpen eröffnet.

BILD: SANDRO SIGRIST

Straßenbahn-Romantik und steilste Trasse der Welt: Pöstlingbergbahn bei Linz.

Vielfalt in jeder Hinsicht

Lokalbahnen mit unterschiedlichen Spurweiten

Das Streckennetz der ÖBB, das immerhin eine Gesamtlänge von 5643 km erreicht und Österreich vom Bodensee bis zum Neusiedler See bzw. von Gmünd NÖ bis nach Rosenbach verbindet, wird noch zusätzlich durch ein Privatbahnnetz ergänzt, dessen Streckenlänge mit mehr als 550 km auch ganz beachtlich ist.

Ein wesentliches Merkmal der österreichischen Privatbahnen ist, daß diese überwiegend in lokale Regionen führen. Sie erschließen nicht nur enge Talschaften, wie die Montafonerbahn in Vorarlberg, die Stubaitalbahn oder die Zillertalbahn in Tirol – mit ihnen gelangt man auch in große touristische Regionen, wie zum Beispiel in Oberösterreich mit dem Unternehmen Stern & Hafferl. Hier darf man aber auch all jene Privatbahnen nicht vergessen, die sich überwiegend in der Beförderung von Pendlern und Schülern verdient machen. Jede Privatbahn hat ihre eigenen Besonderheiten, sei es in der Vielfalt ihrer Triebfahrzeuge und im Rollmaterial, sei es in ihrem Erscheinungsbild, sei es in den unterschiedlichen Spurweiten oder auch im individuellen Service. Sie haben jedoch auch alle etwas Gemeinsames: Sie fahren durch landschaftlich reizvolle Gebiete.
Auch die Privatbahnen sind von den neuen Rahmenbedingungen des Marktes betroffen. Am meisten leidet zur Zeit die Linie Unzmarkt–Tamsweg der Steiermärkischen Landesbahn unter dem rückläufigen Frachtaufkommen. Dagegen erleben gerade die GySEV und die Zillertalbahn (ZB) eine Blütezeit, wobei die ZB schon in Erwägung gezogen hat, ihre Trasse teilweise auf ein Dreischienengleis zu erweitern, um damit die Betriebsabwicklung aufgrund des enormen Frachtaufkommens zu erleichtern.
Knappe Finanzmittel und Erträge fordern auch eine sparsame Verwendung dieser Mittel. Viele Privatbahnen behel-

fen sich damit, daß sie von anderen Bahnen aus dem In- und Ausland gebrauchtes Rollmaterial kaufen und dann anschließend modernisieren. Andere hingegen, wie die MES oder auch die Linzer Lokalbahn, haben bei Adtranz/Stadler AG neue Dieseltriebwagen bestellt. Auf der Murtalbahn und auf der Zillertalbahn fahren seit wenigen Monaten neue Dieseltriebwagen von den Jenbacher Werken, die ihre Produktion Ende 1999 einstellten.
Neben modernen Triebwagenzügen offerieren zahlreiche Privatbahnen auch interessante Sonderzüge mit Dampftraktion. Während die Achenseebahn über die Sommermonate tagtäglich mit ihren Dampfloks zum Achensee fährt, bieten die Zillertalbahn und die Murtalbahn (StLB) an bestimmten Tagen in der Woche eigene Sonderzüge mit Dampflokbespannung an.
Dieses touristische Angebot läßt sich die begeisterten Fahrgäste in jene Zeit zurückversetzen, in welcher das Dampfroß den Eisenbahnbetrieb noch dominierte.
Ein vollkommen neues, aber sicherlich sehr interessantes Aufgabengebiet, ereilt die Privatbahnen durch den Beitritt Österreichs zur Europäischen Union.
Die ROeEE/GySEV, seit jeher eine der interessantesten Privatbahnen, besonders zur Zeit des Eisernen Vorhanges, macht vor allem mit der Schaffung neuer Potentiale im Güterverkehr Furore.
Die GKE – die wegen ihrer abgelaufenen bzw. an den Staat gefallenen Konzession streng genommen keine Privatbahn mehr ist –, Stern & Hafferl sowie auch die WLB erhielten vor kurzem neue Konzessionen, um auch das übrige Schienennetz im vielfältigen Bahnland Österreich benutzen zu können.

BILD: TIBERT KELLER

Ländliche Nebenbahn-Idylle zwischen Gmunden und Vorchdorf.

BILD: MARKUS INDERST

Auch in Tirol sind die S-Bahn-ET im Einsatz, 4020.110 bei Rum (28.07.1992).

Heute kaum mehr wegzudenken

Der S-Bahn-Verkehr im Wandel der Zeit

Die Einführung eines S-Bahnbetriebes geht bereits auf die fünfziger Jahre zurück, als man sich auf die Schaffung eines hochleistungsfähigen S-Bahnnetzes mit zahlreichen Investionen in die Infrastruktur wie Gleisanlagen und Haltestellen besann. Darüber hinaus mußten auch für die Führung eines ordentlichen S-Bahnverkehrs geeignete Fahrzeuge angeschafft werden. Am 18. Januar 1962 wurde der S-Bahnverkehr auf der ca. 13,5 km langen Schnellbahnstammstrecke zwischen Floridsdorf und Meidling mit zunächst sieben Betriebshalten sowie auf den von Floridsdorf ausgehenden Strecken nach Gänserndorf und nach Stockerau eingeführt. Der Erfolg zeichnete sich sehr rasch ab, denn innerhalb von rund zehn Jahren verdoppelte sich das Fahrgastaufkommen, und dies führte dazu, daß das S-Bahnnetz in Wien schrittweise erweitert und verbessert wurde.
Das geschah durch die Verlängerung einzelner Linien, zunächst von Meidling nach Liesing, später nach Mödling und heute bis nach Wiener Neustadt. Neue Linien wurden durch das Anbieten von S-Bahnzügen auf anderen Bahnlinien errichtet, wie zum Beispiel die Anbindung vom Bahnhof Wien Nord / Praterstern zum Flughafen Wien-Schwechat bzw. bis nach Wolfsthal, dann vom Wiener Südbahnhof nach Neusiedl am See ins Burgenland bzw. in die östlichen Stadtteile nach Hirschstetten-Aspern. Die ständige Erweiterung des Liniennetzes sowie auch die gegenseitige Anerkennung von Fahrkarten zwischen ÖBB und den Wiener Verkehrsbetrieben ließen die Fahrgastzahlen stetig ansteigen, weshalb noch weitere Strecken mit einbezogen wurden. Es waren dies die Linien von Wien Franz-Josefs-Bahnhof nach Tulln und von Wien-Westbahnhof nach Neulengbach. Einen Höhepunkt stellte auch die Erweiterung des S-Bahnangebots auf der Wiener Vorortlinie dar (Wien Hütteldorf–Heiligenstadt), den Bahnhofs-

bauten vom berühmten Architekten Otto Wagner stammen. Durch die Verlängerung der Vorortlinie bis zur Haltestelle Handelskai ergab sich schließlich eine gut funktionierende Ringverbindung in die östlichen Stadtteile. Es wäre allerdings noch wünschenswert, wenn diese Linie bis zur Ostbahnbrücke verlängert würde, um dort einen Anschluß in die bestehende Verbindung Wien-Südbahnhof Ostseite–Erzherzog-Karl-Straße zu ermöglichen. Verbesserungswürdig erscheint auch noch das Angebot über die Wiener Verbindungsbahn (Hütteldorf–Meidling).

Von den guten Erfolgen animiert und durch politische Einsicht bereichert, entwickelten sich außerhalb der Bundeshauptstadt S-Bahnnetze, die vor allem größere Ballungsräume rund um die Landeshauptstädte verbinden. In Linz wurde daher ein S-Bahnnetz geschaffen, das die südlichen Regionen bis nach Nettingsdorf und die östliche Region bis nach Pregraten auf der Summerauer Strecke erschließt. Die Mozartstadt Salzburg ist gleich mit zwei Strecken betroffen. Es handelt sich hier um die Verbindung Salzburg–Steindorf bei Straßwalchen und um die Linie Salzburg–Golling-Abtenau. Hier bestehen allerdings schon seit einigen Jahren die Bestrebungen, die Verbindungen noch mehr zu intensivieren, indem durch Zulegung eines dritten Streckengleises ein richtiger S-Bahn-Betrieb mit Anbindung ins bayrische Freilassing entstehen kann.

Die Einführung eines S-Bahnverkehrs hing in Tirol und Vorarlberg vom zweigleisigen Ausbau der bestehenden Bahnlinien ab. In Tirol wird seit 1978 ein S-Bahnverkehr zwischen Innsbruck und Telfs-Pfaffenhofen angeboten, der später bis nach Ötztal erweitert wurde.

Die 4020.070+077 auf der S-Bahn-Stammlinie auf dem Weg zum Südbahnhof.

Bild: Markus Inderst

Eine Stadt und ein Dorf

Untergrundbahnen in Wien und Serfaus

Es war ein gigantisches Volksfest, als am 25. Februar 1978 die erste U-Bahn Wiens zwischen dem Karlsplatz und dem Reumannplatz eröffnet wurde. Und doch hatte Wien schon lange zuvor mit der Stadtbahn ein U-Bahn-ähnliches Verkehrsmittel besessen. Deren Anfänge reichen in die letzten Jahre des 19. Jahrhunderts zurück, als Wien auf Geheiß von Kaiser Franz Joseph I. zu einer großen Metropole ausgebaut werden sollte, die natürlich auch verkehrsmäßig entsprechend erschlossen werden mußte – nicht nur mit der Straßenbahn. So errichteten die K.k. Staatsbahnen ein Streckennetz, dessen primäre Aufgabe die Verbindung der Eisenbahnlinien und deren Endbahnhöfe in Wien war. Dabei nahm man insbesondere auf die Wünsche der Militärbehörden Rücksicht, die auf die Möglichkeit von raschen und unproblematischen Truppentransporten drängten. Wegen des Militärs nahm man auch von der ursprünglich ins Auge gefaßten Elektrifizierung Abstand, was sich später auf die Attraktivität und Wirtschaftlichkeit der Stadtbahn fatal auswirken sollte. Trotzdem hatte die Wiener Stadtbahn auch eine große Bedeutung für den innerstädtischen Verkehr, was unter anderem mit der Gestaltung der Stationen und sonstigen Anlagen durch den berühmten Jugendstil-Architekten Otto Wagner zum Ausdruck gebracht wurde. Die Anschlüsse an mehrere wichtige von Wien ausgehende Hauptstrecken ermöglichten ferner den Übergang von Zügen in die Umgebung Wiens, so daß man bereits von einem S-Bahn-Netz im heutigen Sinn sprechen konnte.

Neben der Stadtbahn hat es aber zu allen Zeiten immer wieder Planungen für eine kommunale U-Bahn gegeben, die Ausführung scheiterte aber stets an äußeren Umständen wie Wirtschaftskrisen oder Kriegen. Erst der Wohlstand nach dem Zweiten Weltkrieg ermöglichte die Finanzierung einer aufwendigen U-Bahn. Die Belastungen durch den zunehmenden Autoverkehr ließen den Bau unbedingt notwendig erscheinen. Bis 1982 entstand das aus drei Linien bestehende Grundnetz, wovon allerdings nur die Linie U1 wirklich neu war – die beiden anderen Linien sind auf die Adaptierung einer Unterpflaster-Straßenbahnstrecke und der Wiental-Donaukanal-Linie der Stadtbahn zurückzuführen. Ende 2000 wird mit der Eröffnung der Teilstrecke Erdberg–Simmering der Linie U3 die zweite Bauphase abgeschlossen, für die dritte Bauphase mit den Verlängerungen der Linien U1 und U2, die in den nächsten zehn Jahren realisiert werden sollen, laufen derzeit die Vorplanungen.

Die Bundeshauptstadt Wien ist als Erbe der Donaumonarchie die einzige Großstadt Österreichs und damit die einzige Stadt des Landes, die das nötige Fahrgastpotential für eine aufwendige U-Bahn aufweist. Und dennoch gibt es in Österreich noch eine zweite Gemeinde mit einer U-Bahn – ein Dorf mit gerade mal 900 Einwohnern in den Tiroler Alpen besitzt seine eigene Untergrundbahn! Dieser Kleinbetrieb mit nur einem aus zwei Wagen bestehenden Zug, der nicht auf Schienen, sondern auf einem Luftkissen läuft und mittels Seilzug betrieben wird, erfüllt sogar die selbe Aufgabe wie die Wiener U-Bahn, nämlich, die Belastung der Bevölkerung durch den Autoverkehr zu minimieren.

Diese beiden so unterschiedlichen U-Bahn-Systeme stellen wir auf den Seiten 153 und 154 vor.

Die Wiener U1 bei Kaisermühlen-VIC (UNO-City), fotografiert am 31.01.2000.

Die Serfauser Dorf-U-Bahn verkehrt mittels Luftkissen und Seilzug.

Bilder: Ernst Lassbacher (oben), Dr. Helmut Petrovitsch (unten)

BILD: TIBERT KELLER

Straßenbahn-Parade in Gmunden mit den Triebwagen 10, 9, 5 und 8.

Vom Acht-Fenster- zum Niederflur-Wagen

Die Straßenbahnen erschließt den Stadtverkehr

Mit der Eröffnung der ersten Pferdebahnlinie am 4. Oktober 1865 in der damaligen Reichshaupt- und Residenzstadt Wien – sie führte vom Schottentor nach Hernals – wurde der Grundstein zu einem der größten Straßenbahnbetriebe der Welt gelegt. Am Bau und Betrieb beteiligten sich nur zwei Gesellschaften mit klar abgegrenzten Interessenssphären, wodurch die Entwicklung des Streckennetztes sehr kontinuierlich verlief. 1897 begann die Elektrifizierung des Netzes; 1903 verkehrte die letzte Pferdebahn, aber erst 1922 die letzte Dampftramway. Der Ausbau des Netzes wurde auch von der Stadt Wien konsequent weitergeführt, wenn auch Weltkriege, Inflation und Wirtschaftskrisen immer wieder zu einer Unterbrechung der Entwicklung führten.

Zwischen 1900 und 1903 waren 520 Triebwagen des Typs G von verschiedenen Waggonfabriken in der österreichisch-ungarischen Monarchie beschafft worden, deren wesentlichen Gestaltungselemente – Achsstand 3600 mm, acht Seitenfenster – zum markanten Erscheinungsbild wurden. Die letzten dieser typischen Acht-Fenster-Wagen verschwanden erst 1973 aus dem Verkehr. Ab 1958 mußten etliche Straßenbahnlinien dem Autobus weichen, weil die Stadtväter darin das öffentliche Verkehrsmittel der Zukunft sahen. Dem Zeitgeist entsprechend war zuweilen sogar von einer völligen Einstellung der Straßenbahn die Rede. Glücklicherweise läßt man es aber in Wien bei grundsätzlichen Entscheidungen oft an Konsequenz mangeln, und so verschwanden zwar etliche Straßenbahnen zugunsten von Autobus und später U-Bahn, trotzdem besitzt Wien nach St. Petersburg (Rußland) und Melbourne (Australien) immer noch das drittgrößte Straßenbahnnetz der Welt. Und in den letzten Jahren sind sogar einige Strecke neu gebaut worden; unter anderem wurden die Stadtteile Leopoldau, Aspern und

Kaiserebersdorf wieder an das Straßenbahnnetz angeschlossen.

Straßenbahnen gibt es natürlich auch in anderen österreichischen Städten, die jeweils die Hauptlast des öffentlichen Verkehrs tragen, aber wegen des wesentlich geringeren Einzugsgebietes naturgemäß von wesentlich kleinerer Ausdehnung sind. Eingestellt wurden die Straßenbahnen in Mödling, Baden, St. Pölten, Ybbs, St. Florian, Unterach, Salzburg, Dornbirn und Klagenfurt. Die Überlebenden in Linz, Gmunden, Graz und Innsbruck können jedoch in eine gesicherte Zukunft blicken. Wie in Wien, wurden auch bei den anderen österreichischen Straßenbahnbetrieben die so typischen österreichischen Straßenbahnwagen aus der Frühzeit, aber auch so manche Wagenaushilfe aus dem Ausland, durch die allgegenwärtigen Duewag-Fahrzeuge ersetzt, die teilweise von zwei österreichischen Waggonfabriken in Linz nachgebaut, teilweise auch aus Deutschland gebraucht übernommen wurden.

Aber auch die Zukunft hat schon begonnen: In Wien verkehren moderne Niederflurwagen bereits auf drei Linien, in Linz und Graz werden die ersten Niederflurwagen im Laufe des Jahres 2000 geliefert und in Betrieb genommen. Dabei handelt es sich durchweg um österreichische Konstruktionen, so daß die österreichischen Straßenbahnen nach den Duewag-Fahrzeugen wieder ihr eigenständiges Erscheinungsbild zurückerhalten werden. Innsbruck bereitet eine Ausschreibung für Neufahrzeuge vor, in Gmunden sind Neubeschaffungen derzeit nicht aktuell.

Vier Straßenbahnbetriebe stellen wir auf den Seiten 147 bis 152 vor, Gmunden ist bei den Bahnen von Stern & Hafferl auf Seite 104 beschrieben.

BILD: DR. HELMUT PETROVITSCH

Extrem-Niederflur-Triebwagen ULF B vor dem Wiener Westbahnhof.

Stoß um Stoß steil bergauf

Die Entwicklung der Zahnradbahnen in Österreich

Der Bau von Zahnradbahnen in Österreich darf aus damaliger Sicht eindeutig als „Modetrend" bezeichnet werden. Es war hier insbesonders die Schweiz, die mit ihrer Rigi-Bahn, die seit 1871 den gleichnamigen Berg erklimmt, eine wichtige Vorreiterrolle spielte. Und schließlich waren es auch die technischen Errungenschaften jener Zeit, die einen Eisenbahnbetrieb im steilen Gelände als sicher gelten ließen. Man denke hier nur an die Zahnstangensysteme von Roman Abt oder von Nikolaus Riggenbach. Beide Systeme kamen auch in Österreich zur Anwendung. Die Schweiz zählt aber auch heute noch als das Land mit den meisten Zahnradbahnen, wobei insbesondere andere Staaten gerne auf die strengen Betriebsvorschriften zurückgreifen. Die erste Zahnradbahn in Österreich war die Kahlenbergbahn im Norden von Wien, die von Nußberg auf den Hauptaussichtspunkt der Umgebung von Wien fuhr. Sie wurde in Normalspur errichtet und hatte eine Länge von 5,45 km. Der Betrieb wurde am 7. März 1874 für den Wiener Ausflugsverkehr aufgenommen. Sie wurde 1922 geschlossen und 1925 abgetragen. Bis zur Eröffnung der elektrischen Bahn von Mödling nach Hinterbrühl, die ihren Betrieb in Etappen von 1883 bis 1885 aufgenommen hatte, kamen grundsätzlich nur Normalspurprojekte zum Zuge. Sie war die erste Bahn, die in einer Spurweite von 1000 mm ausgeführt wurde. Erst ab diesem Zeitpunkt wurden sukzessive Schmalspurbahnen gebaut. Es folgte dann die wirklich erste Zahnradbahn in schmaler Spur. Es war

BILD: MARKUS INDERST

Die Schafberg-Bergstation: Zug 3718 mit Lok 999.203 fährt zu Tal.

BILD: HELMUT BOGNER

Der neue Triebwagen 11+21+31 „Feuersalamander" der Hochschneebergbahn.

dies die Gaisbergbahn in Salzburg, die den gleichnamnigen Berg von Salzburg-Parsch erklomm. Sie wurde am 29. Mai 1887 eröffnet und war 5,31 km lang. Die wirtschaftlichen Probleme während der Zwischenkriegszeit führten schließlich zur Einstellung des Betriebes am 30. Oktober 1928. Es sind aber heute noch eine Lok und ein Personenwagen im Technischen Museum zu sehen. Während die Gaisbergbahn ihren Betrieb aufnahm, begannen in Tirol die ersten Vorbereitungsarbeiten zum Bau der Achenseebahn von Jenbach zum Achenseeufer. Diese wurde am 8. Juni 1889 fertiggestellt, und sie ist heute noch die älteste in Betrieb befindliche Zahnradbahn. Ebenfalls in die Zeit der Rigi- und Kahlenbergbahn fallen die ersten Bestrebungen, den Hausberg der Wiener, den Schneeberg, zu bezwingen. Diese Pläne wurden insbesonders von Bankiers mitgetragen, doch die 1873 eintretende Wirtschaftskrise verhinderte den Bau dieser Bahn. Und dies war gut so, denn die ursprünglichen Planungen hätten die Bahn schon längst mangels Attraktivität zur Einstellung geführt. Es sollte noch mehr als ein Jahrzehnt vergehen, ehe diese Bahn in Betrieb ging, und zwar fuhr der erste Zug am 1. Juni 1897 bis zur Station Baumgartner, und am 25. September desselben Jahres konnte das restliche Stück zur Station Hochschneeberg dem Betrieb übergeben werden. Die gemütliche Fahrt und die herrliche Aussicht auf die Berglandschaft Niederösterreichs machten die Zahnradbahn sehr beliebt. Bereits fünf Jahre vor der Eröffnung der Schneebergbahn entwickelte sich seit 1892 der Verkehr am Schafberg günstig. Auch die Schafbergbahn bei St. Wolfgang war ein Kind der Rigi-Bezwingung, indem sich namhafte Personen für den Bau einer Ausflugsbahn mit Zahnstange stark machten. Alle noch verbliebenen Zahnradbahnen mußten in den letzten Jahren einen bestimmten Trend mitmachen. Es galt die Kosten zu senken, denn die aus der Gründerzeit stammenden Dampfloks waren sehr wartungsintensiv. Um den Betrieb günstiger und wesentlich rationeller zu gestalten, wurden in den letzten Jahren, insbesonders bei den beiden ÖBB-Strecken, neue Fahrzeuge beschafft, während die Achenseebahn nach wie vor ihre drei Dampfloks tagtäglich während der Saison einsetzt.

Nostalgie und Gemütlichkeit pur

Mit dem Dampfzug auf die Museumsstrecke

Nicht jede Bahn ist im offiziellen Kursbuch verzeichnet. Es gibt viele Museumsbetriebe, die nur an einigen Wochenenden im Jahr fahren. Darunter fallen vor allem Dampfbahnvereine, die ihr sorgfältig restauriertes Rollmaterial für öffentliche Fahrten zur Verfügung stellen. Es ist nicht immer ganz leicht, an die Informationen, welcher Zug wo und wann fährt, heranzukommen. Wer sich nicht auskennt, dem sei der Kauf der Zeitschrift „Schienenverkehr aktuell" empfohlen, in welcher die meisten und aktuellsten Daten stehen.

Daneben haben auch viele nach Fahrplan verkehrende Privatbahnen entweder eine alte Dampflok oder einen Elektrolokveteran im Schuppen hinterstellt. Sie werden speziell für Gruppen, z.B. auch für Hochzeiten oder Vereinsreisen, aus der Versenkung geholt und in Betrieb gesetzt. Einige veranstalten jedes Jahr auch öffentliche Fahrten. Es sind dies einmal die ÖBB mit ihrem eigenen Nostalgieprogramm, das Heizhaus Straßhof, die Niederösterreichische Lokalbahngesellschaft (NÖLB) und die Österreichische Gesellschaft für Geschichte (ÖGEG). Sie veranstalten alljährlich nach einem bestimmten Programm diverse schöne Sonderfahrten, bei denen unterschiedliche Triebfahrzeuge zum Einsatz gelangen.

Die ÖBB, wohl der größte Anbieter solcher Fahrten, faßt ihr Programm in einem recht dicken Informationsprospekt „Bahn und Schiff" zusammen, welcher kostenlos an jedem Bahnhof abholbereit liegt oder unter der Telefonnummer 01/93000-34217 bezogen werden kann.

Ebenso viel geboten wird auch im Heizhaus Straßhof, der offiziellen Außenstelle des Technischen Museums in Wien, das die umfangreichste Eisenbahnsammlung beherbergt. Dort finden jeweils zu Saisonsbeginn und -ende große Dampfparaden statt, wobei die edlen, mächtigen und starken Dampfrösser im Bereich der ehemaligen Zugförderungsstelle hin und her pendeln. Darüber hinaus veranstaltet die Mannschaft des Heizhauses auch regelmäßig Sonderfahrten.

Auch die Liebhaber der schmalen Spur kommen nicht zu kurz. Die zahlreichen stillgelegten ehemaligen Bundesbahnstrecken wurden vielfach von Vereinen oder Museumsbahnen gepachtet oder gekauft, wie die Bregenzerwaldbahn, die Gurkthalbahn, die Steyrtalbahn, die Ybbstalbahn-Bergstrecke, die ebenso dazu gehören wie auch die zahlreichen Anbieter bei den heimischen Privatbahnen (Salzburger Lokalbahn, Stern & Hafferl, Murtalbahn, Zillertalbahn).

All die genannten Anbieter führen somit am Wochenende entweder sogenannte Nostalgiezüge oder auch speziell für Eisenbahnfreunde zusammengestellte Sonder- und/oder Fotozüge, die sich in der herrlichen Landschaft recht fotogen machen und auch einen Hauch von Nostalgie versprühen.

Aber es soll auch an die privaten Sammler gedacht werden, die historisch wertvolle Stücke nach ihrem Ausscheiden aus dem Betriebsdienst erworben haben, sie in mühevoller Kleinarbeit restaurierten und dem interessierten Publikum als Ausstellungsstücke zugänglich machten. Gerade die Sammlung des „Vereines für Eisenbahnfreunde" (VEF) in Wien hat in Schwechat eine sehr interessante, schöne und auch umfangreiche Sammlung zusammengetragen.

Auf der Zillertalstrecke: Dampflok des Clubs 760, ex Bosnische Ostbahn.

BILDER: DR. HELMUT PETROVITSCH (OBEN), MARKUS INDERST (UNTEN)

Auf der NÖLB-Ybbstalbahn wird schon beinahe „Wildwest"-Romantik geboten...

BILD: SANDRO SIGRIST

Zwei Privatbahn-Triebfahrzeuge unterschiedlichen Alters in Mariazell.

Von der „Austria" zum „Taurus"

Lokomotiven und Triebwagen aus Österreich

Der Bau von Triebfahrzeugen hat in Österreich eine lange Tradition. Die ersten Lokomotivfabriken wurden gleich nach der Inbetriebnahme einzelner, größerer Privatbahnen gegründet, obwohl die ersten Dampfloks aus den Pionierländern kamen, darunter auch die „Austria", die erste Dampflok.
Es war dies die Lokomotivfabrik von John Haswell, die zunächst als Werkstatt für die Wien–Raaber-Eisenbahngesellschaft gegründet wurde und auch Lokomotiven selbst anfertigte. Sie ging 1853/54 in der Staatseisenbahngesellschaft (StEG) auf.
Konkurrenz bekam Haswell schließlich durch seinen eigenen Werkmeister, Wenzel Günther, der ab 1842 seine eigene Lokfabrik gründete. Die Produktion entwickelte sich anfangs sehr positiv, doch wirtschaftliche Probleme um 1857 führten zum Eigentümerwechsel; sie ging an Georg Sigl.
Der stetige Anstieg des Streckennetzes ließ einen stetigen Mehrbedarf an Dampfloks entstehen. Aber nicht nur das – so stellten auch technische Neuerungen im Lokomotivbau einerseits und auch die Bezwingung der topographischen Verhältnisse andererseits immer wieder neue Herausforderungen dar.
Die hohe Fertigungsqualität der in Österreich gebauten Loks ließen die Auftragsbücher auch durch zahlreiche ausländische Auftraggeber füllen. Dies führte dann dazu, daß ab 1871 die Lokomotivfabrik Floridsdorf die erste Lok auslieferte. Es folgte dann noch 1873 die Maschinenfabik Mödling, die jedoch alsbald wieder schloß. Selbst die Münchner Lokfabrik Krauss ließ in Linz eine Filiale errichten, um den gestiegenen Bedarf decken zu können. Der weitere Werdegang im österreichischen Lokomotivbau war dadurch geprägt, als man fortan Lokomotivtypen konstruierte, die den gegebenden Erfordernissen am besten entsprachen. Besonders bemerkenswert sind die Leistungen von Dr. Ing. Carl Gölsdorf, er kreierte an die

47 Loktypen. Die bekannteste darunter ist die Reihe 310, von der die letzte Vertreterin erst kürzlich ausgebessert wurde und fortan für Sonderfahrten zur Verfügung steht.
Die Zwischenkriegszeit brachte gegensätzliche Entwicklungen mit sich. So wurden noch zahlreiche Reparationsleistungen erbracht und ließen die Werke ausgelastet erscheinen.
Doch die fehlenden Kohlenreviere in Alt-Österreich zwangen die Bahn zur Elektrifizierung aller wichtiger Hauptlinien. Bereits 1911 wurde die Mariazellerbahn elektriziert, für die 16 Loks von Krauss in Linz beschafft wurden und heute noch im Einsatz stehen! Es folgten 1912/13 die Karwendel- und Außerfernbahn und kurz darauf die Preßburgerbahn. Die benötigten Loks wurden von der Grazer Waggonfabrik geliefert. Wirtschaftliche Probleme um 1928 führten zur Schließung der Firmen Krauss in Linz, des StEG-Werkes und der Lokomotivfabrik Wiener Neustadt, vormals Sigl. Die ausstehenden Aufträge gingen an die Lokomotivfabrik Floridsdorf über, die im Dritten Reich ein wesentlicher Pfeiler der Beschaffungspolitik der Reichsbahn wurde.
Während dieser Zeit entstanden sehr viele und interessante Konstruktionen, die immer speziell für die jeweiligen Streckengegebenheiten entwickelt und gebaut wurden. Die Stückzahlen waren oftmals nur sehr gering, da es zu mehreren Untertypen kam. Die Weiterbeschaffung von Triebfahrzeugen nach dem Zweiten Weltkrieg basierte auf den bisherigen Erfahrungen, und so wurde um 1950 die Beschaffung von neuen, vierachsigen E-Loks in Auftrag gegeben. Die laufenden Verbesserungen gingen auch an den ÖBB nicht spurlos vorüber. Sie beschafften seither mehr als 500 neue Triebfahrzeuge, wobei die E-Loks bei SGP in Graz, die Triebwagen in Simmering sowie der überwiegenden Teil der Dieselloks bei den Jenbacher Werken gebaut wurden.

BILD: MARKUS INDERST

Die erste neue Lok der Reihe 1016 wurde am 12. Juli 1999 der Presse vorgestellt.

Die GKB setzte die ersten Doppeldecker ein, die ÖBB kopierte das Konzept.

Vom Spantenwagen zum „City-Shuttle"

Waggons, made in Austria

Nach dem Zweiten Weltkrieg übernahmen die ÖBB viele Altbauwagen. Der mangelnde Komfort und die geringe Höchstgeschwindigkeit dieser Spantenwagen führten zu zahlreichen Neubeschaffungen von vierachsigen Schnellzugwagen bei Simmering-Graz-Pauker, die zuerst im Fernverkehr Verwendung fanden. Als Ersatz für die Spantenwagen sah man die „Schlieren"-Wagen der SBB an, die zum damaligen Zeitpunkt als eine Innovation galten, und in größeren Stückzahlen der sechziger Jahre in Lizenz bei SGP und bei den Jenbacher Werken beschafft wurden. Diese Wagen zeichnen sich auch heute noch durch ihren tadellosen Sitzkomfort und die großen Fenster aus. Gleichzeitig erfüllten diese Wagen auch alle Anforderungen bezüglich niedriger Einstiege im Personennahverkehr und genügten mit einer Höchstgeschwindigkeit von 140 km/h allen Ansprüchen.
Die gewachsenen Kundenwünsche im Fernverkehr führten zu Überlegungen für neue, vor allem hochkomfortable Fahrzeuge. Mit dieser Frage beschäftigten sich bereits Mitte der siebziger Jahre fünf Bahnverwaltungen, denen es gelang, einen Einheitsschnellzugwagen zu schaffen – den EUROFIMA, von dem weit über 100 Stück im Einsatz sind.

Mit der Einführung des Zugtyps Eurocity beschafften die ÖBB bei den beiden heimischen Herstellern nochmals hochmodernes Rollmaterial, das eine Höchstgeschwindigkeit von 200 km/h erlaubt. Diese Waggons zeichnen sich vor allem durch die eingebaute Klimaanlage, die Druckdichtheit und das geschlossene WC-System aus. Die Wagen werden heute überwiegend im EC/IC-Verkehr im In- und Ausland eingesetzt. Ergänzung fand dieser Wagenpark noch durch den von SGP entwickelten Modulwagen – er wird aus mehreren Modulen zu einem Wagen zusammengebaut. Bei Reparaturen können einzelne Module rasch getauscht werden.

BILD: CI&M

Vor allem in den Agglomerationen lebt man in der Zeit der Ticketautomaten.

Von Vorteilcards zu Touristenpässen

Tickets bei den ÖBB und Privatbahnen

Auch für das Zugfahren muß der Konsument immer tiefer in die Tasche greifen. So wurden z.B. die „Grüne Bank", das Puzzle-Ticket oder sonstige interessante Angebote abgeschafft. Trotzdem brachte die ÖBB vor einigen Jahren auch ganz neue, attraktive Fahrausweisangebote, wie die VORTEILScard (Classic, Senior, Familie), das City-Star-Ticket für günstige Fernreisen ins europäische Ausland, das Gruppenticket oder auch der neugeschaffene „Austrian Railpass", auf den Markt. Für gelegentliche Bahnfahrten empfiehlt es sich, gewöhnliche Fahrkarten zu kaufen, die je nach Entfernung ein oder drei Tage gültig sind; Rückfahrkarten gelten ab 101 km sogar einen Monat, müssen allerdings innerhalb der ersten drei Tage zur Hinfahrt genützt werden. Mit den Jahresstreckenkarten ist man auf der gleichen Route zwölf Monate zum Preis von zehn unterwegs. So ist diese Streckenkarte auch für die Dauer von einem Monat oder für eine Woche erhältlich. Und wenn man daher oft – aber nicht regelmäßig – diese Strecke befährt, rentiert sich der Kauf einer solchen Karte, die außerdem noch übertragbar und nicht an den Käufer gebunden ist. Der Vorteil einer solcher Karte liegt vor allem in der Preisersparnis von 80 %.

Ebenfalls für Mehrfachfahrer interessant ist die VORTEILScard, die in verschiedenen Varianten zu haben ist. Die VORTEILScard gestattet dem Inhaber die beliebig häufige Benützung des Streckennetzes der ÖBB und der meisten Privatbahnen, die vor allem bei unregelmäßigen Fahrten quer durch Österreich von Vorteil ist. Sie kostet für zwölf Monate ATS 1.290,-- und gewährt eine Ermäßigung von 50 % auf den Standardpreis. Sie kann von jedermann erworben werden, jedoch ist die Mitnahme eines Paßfotos bei der Ausstellung notwendig. Für Vielfahrer bieten die ÖBB noch ein besonders „Zuckerl" an. Dies ist die VORTEILScard Plus, die eine zweijährige Geltungsdauer hat und lediglich ATS 2.380,-- für beide Jahre kostet. Für Senioren gibts die VORTEILScard Senior. Sie unterscheidet sich darin, daß der Käufer dieser Fahrkarte eine bestimmte Altersgrenze (Damen ab 60, Herren ab 65) überschreiten muß. Der Preis dafür beträgt nur ATS 350,--. Aber auch die Jugendlichen profitieren von diesem Angebot. Sie können zum Preis von ATS 250,-- die VORTEILSCARD Spezial (Schüler oder Lehrlinge) erwerben, die ihnen Freude am Bahnfahren vermitteln soll. Auch für Großfamilien halten die ÖBB ein passendes Angebot bereit: Die VORTEILScard Familie. Mit der Ermäßigungskarte können Kinder bis zum 15. Geburtstag in Begleitung eines Elternteiles kostenlos die Bahn benützen. Wenn die Kinder zwischen sechs und 15 Jahren mit der ÖBB allein reisen, erhalten sie Fahrkarten zum halben Standardpreis. Bis zu zwei Kinder unter sechs Jahren dürfen kostenlos mit einem Erwachsenen mitfahren. Ab dem dritten Kind erhält jedes weitere Kind 50 % Ermäßigung.

Ein ebenfalls gutes Angebot ist das City Star-Ticket, daß für all jene geschaffen wurde, die von Österreich aus in andere europäische Städte reisen möchten. Egal ob mit der Familie oder in kleinen Gruppen bis fünf Personen; die zweite Person spart schon 50% und Kinder zahlen nur 25 % des Preises für die erste Person. Näherer Auskünfte erteilen die ReiseServiceCenters in den Bahnhöfen der Landeshauptstädte. Sie sind telefonisch unter der Rufnummer 05/1717 zum Ortstarif erreichbar.

Mit dem Gruppen-Tickets können auch größere Gruppen ab sechs Personen günstig die Eisenbahn benützen. Wenn diese in der selben Klasse bis zum Zielbahnhof reisen, erhalten sie bis zu 100 km eine Ermäßigung von 30 % und darüber von 40 % auf den Standardpreis.

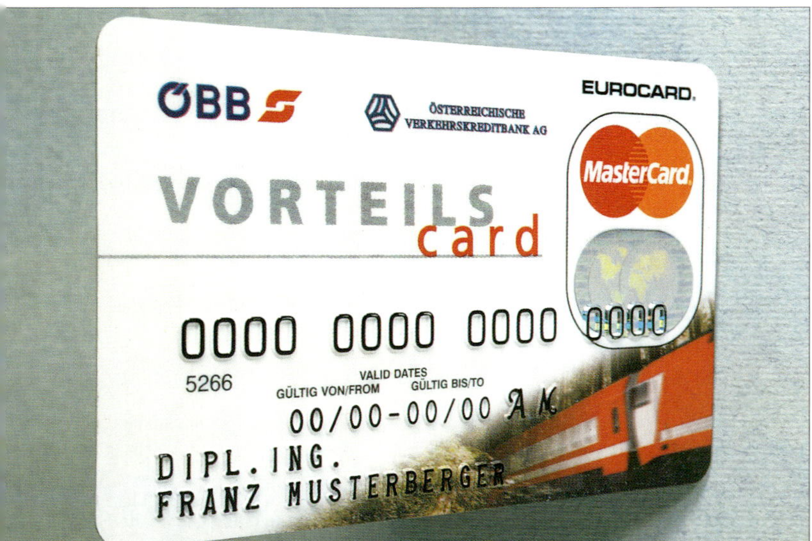

BILD: CI&M

Mit der Vorteilscard fährt man zum halben Preis durch Österreich.

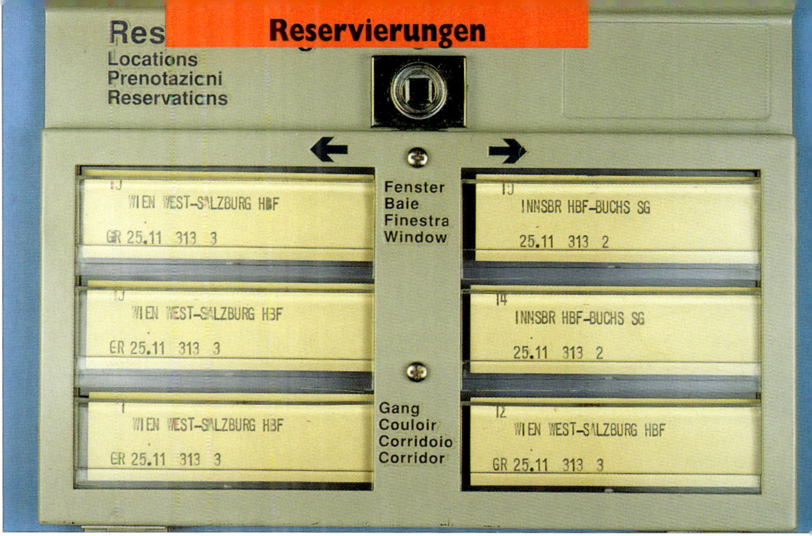

BILD: CI&M

Ob der Platz frei ist, erfährt man auf den gelben Papierschildern über dem Platz.

Sicher ist sicher

Ein vorbestellter Sitzplatz mit gelbem Papierschild

Grundsätzlich sind in Österreich keine Züge reservierungspflichtig. Jedoch ist bei bestimmten Nachtzügen die Reservierung erforderlich bzw. ist die Fahrt in diesen Nachtzügen für Inlandsdestinationen nicht möglich.
Es empfiehlt sich allerdings, gerade in der reisestärksten Zeit oder bei Fahrten aus der Bundeshauptstadt Wien heraus, sich die Plätze reservieren zu lassen.
Diese Reservierung ist für die 1. Klasse kostenlos und in der 2. Klasse zahlt der Reisende lediglich ATS 40,-- pro Platz.
Die gewünschte Reservierung im Zug, im Autoreisezug bzw. im Schlaf- oder Liegewagen kann man bereits drei Monate vor Fahrtantritt bis zum Vortag, unter Umständen sogar unmittelbar vor Abfahrt des Zuges, tätigen. Im Wagen ist die Reservierung an den gelben Papierschildern erkennbar, die bei der Sitzplatznummer stecken. Wer sich am Fahrkartenschalter Sitzplätze reservieren läßt, sollte immer angeben, ob er im Raucher- oder Nichtraucherabteil sitzen möchte, oder ob er einen Fenster- bzw. einen Gangplatz bevorzugt.
Eine Besonderheit bieten die ÖBB alleinfahrenden Damen mit ihren „Damenabteilen“ an. Damit wird dieser Kundengruppe eine ungestörte Reise speziell in der Nacht ermöglicht.
Es ist nicht möglich, die Sitzplätze in Fahrtrichtung bzw. auf einer bestimmten Wagenseite zu reservieren, doch wer einen besseren Platz findet als den reservierten, kann diesen belegen. Vielleicht bietet dieser Sitzpatz gerade eine bessere Sicht auf die großartige Seen- und Berglandschaft.
Für Auslandsreisen ist eine Platzreservierung immer empfehlenswert und im Preis inbegriffen. Für größere Reisegruppen ist es ratsam, sich die Sitzplätze reservieren zu lassen. Ab einer Teilnehmerzahl von mehr als zehn Personen ist im Inland die Sitzplatzreservierung kostenlos. Bei Auslandsgruppenreisen wird ab sechs Personen ein Betrag von ATS 10,-- pro Person erhoben.

Die Drehscheiben im Bahnverkehr

Große Pläne mit Bahnhöfen und Haltestellen

Die ÖBB investieren sehr viel Geld, um ihre Bahnhöfe noch kundengerechter zu gestalten. Das Angebot soll aber bei weiten nicht nur beim Bahnreisenden enden. Mit Jahresbeginn 1998 ist für die ÖBB der Startschuß für die großangelegte Bahnhofsoffensive gefallen. Das heißt, daß die ÖBB in den kommenden fünf Jahren rund 8,2 Milliarden Schilling für die komplette Erneuerung und Verschönerung von 43 Bahnhöfen und 50 Haltestellen in ganz Österreich investieren werden, wobei hauptsächlich alle wichtigen Fern- und Nahverkehrsbahnhöfe erfaßt worden sind.
Die ÖBB setzen bei ihren Bahnhöfen, die ja als Aushängeschilder für ein modernes und leistungsfähiges Unternehmen gelten, vermehrt auf Service, Sicherheit und Sauberkeit. Aber nicht nur das, die Bahnhöfe sind in den letzten Jahren zunehmend zu Drehscheiben des öffentlichen Verkehrs und damit zu wichtigen Nahverkehrsknoten geworden. Und wie es in einem ÖBB-Dossier hierzu heißt, sind Bahnhöfe schon lange keine Schnittpunkte zwischen Verkehrsströmen mehr, sondern Orte der Begegnung, die den hohen Servicebedarf der Kunden optimal abdecken sollen.
Aber die Umbaumaßnahmen sollen auch zu einer verbesserten Betreuung der Kunden dienen. Die Service-Räume werden optimal für den Kundennutzen ausgestaltet. Das Informations- und Leitsystem von und zu den Bahnsteigen soll zeitgemäß und leicht verständlich sein. Die bisherigen Service-Einrichtungen werden noch durch weitere Handels- und Dienstleistungsbetriebe ausgeweitet. Neben einem Bahnhofsrestaurant, das bereits in allen größeren Bahnhöfen vorhanden ist, sollen in Zukunft auch noch Lebensmittelgeschäfte, Tabak-Trafiken, Bäckereien, Friseure, Reisebüros, Banken, Reisebüros und auch noch andere Geschäftssparten angesiedelt werden, die das Bahnhofsleben regelrecht beleben. Die zahlreichen Bahnhofsrestaurants bieten bereits heute in gemütlicher Atmosphäre Speisen der österreichischen Küche an. Und für ganz Eilige ist immer noch ein Besuch der zahlreich vorhandenen Kioske mit ihren Imbissen möglich. Kühle Getränke für die warme Jahreszeit sind ebenso erhältlich wie feine Mehlspeisen in einem der zahlreichen Bäckerläden. Zeitschriftenstände bzw. Tabak-Trafiken sorgen bereits heute für Lesestoff oder Genußmittel.
Beachtenswert ist auch der Baustil österreichischer Bahnhöfe. Bei genauerer Betrachtung stellt man fest, daß fast alle Bahnhöfe entlang einer bestimmten Strecke, wie z.B. bei der Mariazellerbahn oder entlang der Nordbahn oder auf der Franz-Josefsbahn, sehr ähnlich bzw. nach einer festgelegten Normalie gebaut worden sind und bis heute fast unverändert erhalten geblieben sind. Diese sogenannte Gebäudenorm geht bereits auf die Regierungszeit Kaiserin Maria Theresias zurück, die während ihrer Amtszeit alle Gebäuden, die der damalige Hofstaat bauen ließ, nach bestimmten Grundmustern planen ließ. Somit war die erste Normalie geboren, an die sich auch später die Privatbahnen in Alt-Österreich anlehnten. Die Größe eines jeweiligen Bahnhofes wurde je nach der hiesigen Funktion bestimmt. Weniger wichtige Streckenbahnhöfe sind eher klein ausgefallen, da nur die wichtigsten Diensträume vorhanden sind. Die nächste Größe wurde eventuell sogar mit Quertrakten ausgestattet, und große Bahnhöfe erhielten dementsprechende Dimensionen.

„Wo sich Füchse und Hasen Gutenacht sagen“: Lokalbahn Lambach-Vorchdorf.

Erster größerer Bahnhof auf der Arlberg-Ostrampe ist Landeck.

BILDER: SANDRO SIGRIST (OBEN), RONALD GOHL (UNTEN)

BILD: CI&M

Speisen beim Reisen: für viele eine willkommene Abwechslung.

Vom Dienst am Kunden

Komfortabel reisen – auch dank der Möglichkeit zur Gepäckaufgabe

Die ÖBB befördern durchschnittlich 450 000 Reisende pro Tag, also mehr als 1/20 der heimischen Bevölkerung. Für diese Bahnkunden zählt neben der Geschwindigkeit auch der Komfort und der Service. Aller Technisierung zum Trotz wird der persönliche Kontakt zum Zugbegleiter heute außerordentlich geschätzt. Die Zugbegleiter kontrollieren und verkaufen Fahrscheine (Preisaufschlag bis zu ATS 60,--), und sie geben hilfsbereit Auskünfte über Ankunfts- und Abfahrtszeiten, Umsteigemöglichkeiten oder Gleisänderungen. Fährgaste der 1. Klasse dürfen sich noch über einen besonderen Service des Zugbegleitpersonals freuen, ihnen wird am Platz eine Gratis-Zeitung angeboten sowie Speisen und Getränke serviert.

Durstige oder hungrige Reisende warten oft mit Ungeduld auf den rollenden Bord-Service, der in den meisten Schnellzügen angeboten wird. Das leckere Angebot besteht aus kalten und warmen Getränken, wie täglich zubereitete Sandwiches, Snacks und Süßigkeiten. Natürlich sind auch auf den österreichischen Schienen die klassischen Speisewagen unterwegs. Kinder können bei bestimmten Zügen in den beliebten Kinderspielwagen herumtollen und sich dort die Reisezeit auf der Rutschbahn verkürzen oder mit Lego-Bausteinen und Bilderbüchern ihre Langeweile vertreiben.

Auch für Rollstuhlfahrer steht dem Reisen nichts im Wege. An größeren Bahnhöfen können sich Behinderte im Rollstuhl per Mobillift in den Zug hieven lassen. Sie werden allerdings gebeten, dies rechtzeitig zu melden. Fast alle Schnellzüge führen einen 2. Klasse-Waggon mit Gepäckabteil, der rollstuhlgerecht mit Behinderten-WC ausgestattet ist. Klimaanlagen sind bei der Ausstattung aller Fernverkehrszüge heute selbstverständlich, während Telefonapparate nur hie und da zu finden sind (am ehesten im Speisewagen), und sie können nur mit speziellen Telefonwertkarten benützt werden, die beim Zugpersonal erhältlich sind.

„Wohin bloß mit meinen Siebensachen?" Diese Frage kann während der Hauptreisezeit – und besonders in den engen Nahverkehrs-Wendezuggarnituren „CityShuttles" – berechtigt sein. Die Suche nach genügend Stauraum ist oft lästig und auch anstrengend. Auch das Umsteigen mit mehreren Gepäckstücken kann zur Tortur werden. Deswegen ist es ratsam, das Gepäck separat auf die Reise zu schicken. Koffer und Taschen können an österreichischen Bahnhöfen für ATS 90,– je Stück aufgegeben werden (pro Person höchstens drei Gepäckstücke und max. 25 kg je Stück). Ohne Fahrkarte ist die Beförderung des Reisegepäcks nur als BahnExpress möglich; der Preis dafür ist abhängig von der Entfernung und vom Gewicht. Zum gleichen Preis transportiert die Bahn auch Skier, Skischuhe und Snowboards. Damit aber das Gepäck zur gewünschten Zeit am Zielort eintrifft, sollte man es am besten 24 Stunden vor der Abreise am Gepäckschalter abgeben. Es steht dem Reisenden offen, eine Versicherung gegen Verlust und Beschädigung während des Transportes abzuschließen.

INFO

Komfortabel reisen kann man auch mit dem Auto im Zug – z.B. während einer Fahrt durch den Tauerntunnel. Auf dem Weg in den Süden stellt sich die mächtige Barriere der Hohen Tauern in den Weg der Reisenden. Doch Böckstein ist keine Sackgasse.
Dort wo die Autostraße endet, fährt man huckepack auf den Autotransportwegen der ÖBB weiter. Einfach auf dem Zug fahren, Handbremse anziehen und los gehts durch den 8,5 km langen Tunnel. Man kann dabei sogar im Auto sitzen bleiben.

BILD: RONALD GOHL

„Hallo Dienstmann", da werden Erinnerungen an die „gute alte Zeit" wach.

Mit Rad und Tat

Mit dem Drahtesel Österreich erleben

Die landschaftlichen Schönheiten in Österreich lassen sich auch gut mit dem Fahrrad entdecken. Fahrradfahren macht nicht nur Spaß, sondern ist auch gesund. Es gibt entlang der zahlreichen Bahnstrecken sehr viele und auch schöne Radwege, die erst vor wenigen Jahren neu errichtet wurden (nähere Informationen findet man auch im Internet unter: www. radtouren.at). Um die Landschaft auch in Ruhe genießen zu können, halten die ÖBB an 50 Bahnhöfen von 1. April bis zum 31. Oktober das Angebot „Fahrrad am Bahnhof“ bereit. Man kann bei diesen Bahnhöfen – eine genaue Auflistung findet der Reisende im Prospekt „Bahn & Rad“, erhältlich an jedem Bahnhof – moderne Fahrräder mieten. Das Angebot umfaßt neben Citybikes mit 21-Gang-Schaltung auch 24-Zoll-Kinderfahrräder, ebenfalls mit 21-Gang-Schaltung sowie Kindersitze.

Personen mit einer Fahrkarte oder Inhaber einer VORTEILScard können Citybikes bereits für ATS 120,– pro Tag bzw. ATS 600,-- pro Woche (ohne Fahrkarte: 180,– bzw. 900,–) mieten. Kinderräder gibt es um 70,-- bzw. 350,– (100,-- bzw. 500,–), und selbst für Kindersitze verlangt die ÖBB nur noch ATS 30,-- pro Tag.

Inhaber der VORTEILScard Familie erhalten die Räder für die ganze Familie für ATS 240,-- pro Tag bzw. ATS 1.200,-- für die Woche, und der Kindersitz ist obendrein noch gratis. Für die Ausstellung des Mietvertrages ist allerdings ein amtlicher Lichtbildausweis erforderlich.

BILD: TVB FULPMES/ARCHIV LAN

Bike und Bahn: ein beliebtes Freizeitthema – fotografiert im Stubaital.

BILD: CI&M

Bahn und Mietauto ergänzen sich bei entspannenden Reisen in „Randgebiete".

Und ewig lockt das Auto

Lückenlose Mobilität

Die Idee, Mobilität nach Herzenslust kombinierbar zu machen, ist schon seit längerer Zeit in Österreich verwirklicht. Für Inhaber der VORTEILScard Classic „mobil und sicher" – erhältlich an jedem Bahnhof für ATS 1699,-- pro Jahr als Einstiegspaket zur optimalen Mobilität – bieten die ÖBB und „Denzeldrive Carsharing" einen neuen Service an. Die lange Reisestrecke wird bequem und staufrei mit der Bahn zurückgelegt, und im Anschluß wartet am Bahnhof ein Carsharing Fahrzeug auf die Weiterfahrt in entlegende Reiseziele. Derzeit steht ein Auto auf 22 Bahnhöfen bereit, darüber hinaus verfügt „Denzeldrive-Carsharing" über weitere 80 Stellplätze österreichweit, und laufend werden es mehr. Die Buchung erfolgt nach einem erstmaligen persönlichen Besuch im Denzeldrive-Büro unkompliziert in der nationalen Buchungszentrale (Telefonnummer: 01/74050/4050 bzw. Internet www.denzeldrive.at). Man ruft an und reserviert sich das Fahrzeug. Die Übernahme bzw. die Rückgabe des Fahrzeuges erfolgt rund um die Uhr am gewünschten bzw. vereinbarten Standplatz. Die entsprechenden Kosten werden gemäß den Eintragungen im Fahrtenbuch monatlich abgerechet (ATS 4,30 pro Kilometer und ATS 21,-- pro Stunde einschließlich Treibstoff und Versicherung).

Desweiteren bieten die ÖBB mit „Arac Autovermietung" einen Mietwagenservice an. Dieser sorgt in den elf Bereitstellungsbahnhöfen für absolute Mobilität zu einem günstigen Preis, und es stehen sechs verschiedene Autotypen zur Verfügung. Die Preise sind von Kilometerleistungen unabhängig, jedoch gibt es zwei Zeitzonen. Die Bestellung von Mietwagen ist in ihrem ReiseService-Center (Telefonnummer: 05/1717) möglich. Die Reisenden bezahlen ihr Auto am Fahrkartenschalter ihres Bahnhofs und erhalten ein „Arac"-Ticket. Bahnfahren gewinnt durch diese Zusatzangebote weiter an Attraktivität.

Rasch durchs fremde Staatsgebiet

Eine Kuriosität aus der Zeit der Grenzkontrollen

Die Festlegung der neuen Staatsgrenzen nach 1918 durch den Friedensvertrag von St. Germain ließ die damalige Staatsbahnverwaltung verzweifeln, da viele von den Vorgängerbahnverwaltungen der KkStB hergestellte Bahnstrecken ab diesem Zeitpunkt im Ausland lagen. Die neue Grenzziehung verhinderte somit einen flüssigen und reibungslosen Verkehr. Die Abspaltung Südtirols vom Mutterland ist wohl das schmerzlichste Beispiel der damals unvernünftigen Grenzziehung. Damit war ein durchgehender Verkehr von Nordtirol via Pustertal nach Osttirol nicht mehr ohne weiteres möglich, und es dauerte schließlich Jahre, bis eine zufriedenstellende Lösung gefunden werden konnte. Ebenso war es in Kärnten, wo die Strecke von St. Paul via Dravograd nach Bleiburg führte. Die Anbindung der Mittenwaldbahn in das Tiroler Außerfern war seit jeher nur über deutsches Staatsgebiet möglich. Und abschließend ist noch die nationale Verbindung Innsbruck–Salzburg via Kufstein, Rosenheim und Freilassing zu nennen. Die Kuriosität Korridorverkehr ist bzw. war nicht nur aus nationalem Gesichtspunkt von Wichtigkeit, sondern sie

FOTO: MARKUS INDERST

Die 1044.283 passiert mit EC 160 die deutsch-österreichische Grenze bei Kufstein.

brachte auch für die Fahrgäste Vorteile, indem Züge oder Zugteile, die diese Streckenteile befuhren, abgesperrt wurden. Tariflich wurden solche Linien als Inlandsstrecken mit dem ÖBB-Tarif betrachtet, so daß der teuere internationale Tarif außer Kraft blieb.
Während der Nazi-Herrschaft über Österreich erübrigte sich das Kuriosum Korridorverkehr von selbst, da zunächst Österreich als Teil von Deutschland zu diesem keine Grenzen mehr hatte und die territoriale Ausdehnung in Richtung Süden ihr übriges dazu beitrug, abgesehen davon, daß die Zivilbevölkerung mit fortschreitender Kriegsaktivität von der Beförderung ausgeschlossen war.
Erst nach Beendigung der Kriegshandlungen im Frühjahr 1945 wurde das Problem wieder aktuell. Mit der Wiederherstellung der Republik in den Grenzen von 1938 stand man erneut vor einem Scherbenhaufen wie nach 1918, nur mit dem Unterschied, daß die Eisenbahn als erstes funktionierendes Verkehrsmittel die allerhöchste Priorität besaß. Und so kam es, daß der vermehrte Schienenverkehr auch jene Strecken betraf, die teilweise im Ausland lagen. Die erheblichen Probleme mit Jugoslawien führten schließlich dazu, daß die ÖBB die Jauntalbahn bauen ließen, die die Unterkärntner Orte St. Paul und Bleiburg direkt verband. Der Vorteil lag nicht nur in der Zeitersparnis von mehr als 70 %, sondern auch in der einfachen Betriebsführung.
Der Korridorverkehr durch das Pustertal (Innsbruck–Lienz) kam alleine wegen der durchwegs positiv eingestellten politschen Gesinnung zustande. Allerdings wurden diese Korridorzüge seinerzeit streng von den italienischen Carabineri bewacht.
Übrig blieben noch die Fernverbindung über Rosenheim und die Anbindung in das Außerfern. Bei letzterer wurde durch die Schaffung mehrerer durchgehender Zugpaare ein Korridorverkehr angeboten, der allerdings durch Verhandlungen zwischen ÖBB und DB durch Anerkennung aller ÖBB-Inlandskarten auf dem DB-Streckenstück 1993 seine Einstellung fand, und somit nur Vorteile bot.
Der Beitritt Österreichs zur Europäischen Union trug schließlich das Kuriosium „Korridorverkehr“ zu Grabe, weil mit dem Beitritt auch die völlige Bewegungsfreiheit verbunden war. Auf Wunsch der Italienischen Staatsbahnen wurden die Korridorzüge durch das Pustertal in normale Reisezüge mit ca. 15 Minuten längerer Fahrzeit umgewandelt. Einzig und allein ist nur mehr der direkte und schnelle Transfer zwischen Kufstein und Salzburg als reiner „Korridorverkehr“ übrig geblieben.

Die Lok 1044.272 überquert mit dem EC 163 den Schmittentobelviadukt unterhalb von Dalaas (10.04.1996).

2.

Die 7 schönsten Fernstrecken

Bild: Markus Inderst

Die mächtige Trisannabrücke gilt als markantestes Bauwerk der Arlbergstrecke.

Lange umkämpft und heute unverzichtbar

Feldkirch–Innsbruck

Durch das Arlberggebiet verläuft eine Transitroute, deren Aufgabe die Verbindung zwischen dem westlichen Bundesland Vorarlberg und dem gesamten österreichischen Hinterland ist. Die erste direkte Verbindungen war die Alpenquerung über den Arlberg. Mit der Fertigstellung der Allgäubahn im Jahre 1872 entstand zwar eine bequeme Verbindung mit relativ großen Umweg bis nach Bludenz, jedoch immer wiederkehrende politische Ereignisse erschwerten einen reibungslosen Transport von Tirol ins „Ländle". Und es dauerte noch rund acht Jahre, ehe mit dem Bau der Arlbergbahn von Bludenz nach Innsbruck begonnen wurde. Die Eröffnung der rund 136 km langen Strecke erfolgte bereits im September 1884. Ausgangspunkt der Arlbergbahn ist Bludenz, ein wichtiger Ort im Vorarlberger Oberland. Bludenz ist auch ein wichtiger Bahnknotenpunkt, denn wenige Meter nach dem Beginn der Arlbergbahn zweigt hier die Linie der Montafonerbahn nach Schruns ab. Die danach eingleisig verlaufende Arlbergstrecke windet sich entlang der Sonnenseite des Klostertales

INFO

Bludenz ist mit EC bzw. IC aus der Schweiz, aus Bregenz bzw. Deutschland erreichbar. Kursbuchstrecke 4, **Streckenlänge:** 136 km, **Fahrzeit:** 2 h, die Züge verkehren das ganze Jahr, **Spurweite:** 1435 mm. **Besonderes:** keine Regionalzüge zwischen Bludenz und Landeck.

Triebfahrzeuge: Am Arlberg fahren überwiegend Lokomotiven der Reihen 1044 im Personenverkehr sowie 1044 und 1110 im Güterverkehr.

Info: Tel. 05 / 1717 – www.oebb.at

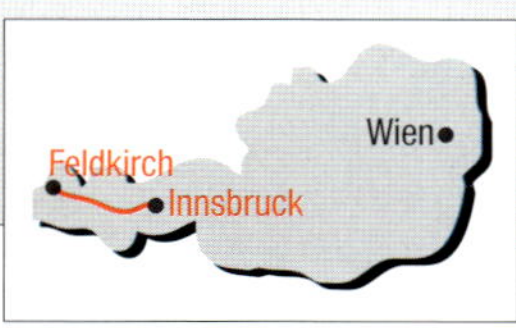

bergaufwärts. Um die schöne Landschaft entlang dieser Strecke genießen zu können, empfiehlt sich die Benützung des EC 163, der einen Schweizer Panoramawagen 1. Klasse mitführt. Wir erreichen bereits nach einer kurzen Fahrt den Ort Braz, wo sich die Strecke nach dem Verlassen des Bahnhofes in einer großen Schleife entlang der Südhänge bewegt. Danach überqueren wir zahlreiche steilverlaufende Schluchten mit Wildbächen, die Tobel genannt werden, und erreichen nach dem Passieren der Schanatobelbrücke den Bahnhof Hintergasse, der übrigens auf mehreren Viaduktbögen errichtet wurde. Danach entschwindet die Strecke bis Dalaas in zahlreichen Tunnels, die dazwischen von so manchen Tobeln überquert werden. Ein Blick ins Tal läßt erahnen, welche Steigungen die Arlbergstrecke aufweist. Wir erreichen in einem scharfen Bogen nach der Überquerung des Höllentobel-Viaduktes den Bahnhof Dalaas, wobei die Architektur des Bahnhofsgebäudes besonders augenfällig ist. Es wurde nach einem schwerem Lawinenabgang im Jahre 1954 neu errichtet, und so ausgeführt, daß die Nordseite des Gebäudes pfeilförmig zusammenläuft. Wir befahren danach das steilste Streckenstück der Arlberg-Westrampe. Es sind immerhin 31 Promille zu bewältigen, und die Strecke verläuft bis Wald am Arlberg überwiegend im Freien, was allerdings immer wieder im Winter wegen der akuten Lawinengefahr zu Problemen führt bzw. führte. Um dieser Gefahr vorzubeugen, befahren wir hinter Wald am Arlberg den Wildentobeltunnel, der abgesehen von den zahlreichen Lawinenbauten hoch oben am Berg die Gefahr des weißen Todes bannen soll. Gleich hinter der Haltestelle Klösterle befindet sich die Wäldlitobel-Brücke, eine 68 m lange, 35 m hohe Steinbrücke. Und nach wenigen Minuten Fahrtzeit machen wir erstmals nach ca. 35 Minuten den ersten Halt im Bahnhof Langen. Langen ist Ausgangspunkt zum 1822 m hoch gelegenen Arlbergpaß, und man gelangt von hier aus mit dem Postautobus zu den bekannten Wintersportorten Lech und Zürs. Gleich nach Abfahrt des Zuges gelangen wir in den 10.250 m langen, zweigleisig ausgeführten Arlbergtunnel, in dem sich auch die Landesgrenze von Tirol und Vorarlberg befindet. Wir verlassen in einem scharfen Linksbogen den zweitlängsten Eisenbahntunnel Österreichs und erreichen nach zehn Minuten Fahrzeit den bekannten Ort St. Anton, in dem die Ski-WM 2001 stattfinden wird. Aus diesem Anlaß wird gerade an einem Bahnhofsneubau gearbeitet. Der neue Bahnhof befindet sich dann am südlichen Ende des Ortes. Der jetzige wird den benötigten Anlagen der Ski-WM weichen müssen, obwohl zur Zeit noch

Auf der Arlberg-Westrampe befördert die Lok 1044.059 den EC 163 von Wald nach Langen.

BILDER: MARKUS INDERST (SEITE 45 SOWIE SEITEN 46/47)

Die 1044.077 befindet sich mit ihrem EC 669 vor Langen (04.10.1997).

eine optimale Anbindung zum wenige Meter entfernten Skigebiet besteht. Die Kandaharbahn, die als Standseilbahn ausgeführt ist, befindet sich in Blickweite des Bahnhofes. Unsere Bahnreise verläuft sodann entlang dem Stanzertal, in dem die Trasse bis Flirsch den Talboden benützt. Teilweise ist diese Strecke auch schon zweigleisig ausgebaut bzw. sind die Spuren der Bahnhofsverlegung von St. Anton zu sehen. Wenige Kilometer vor Flirsch lehnt sich die Trasse südlich entlang einer Felswand an. Hinter Flirsch befahren wir bis zum nächsten Bahnhof Strengen das mit 26 Promille steilste Streckenstück der Ostrampe. Danach schmiegt sich die Trasse weiterhin der südlichen Talseite an. Nachdem wir zahlreiche Tunnels und Viadukte passierten, überqueren wir mit der 210 m langen und 88 m hohen Trisannabrücke das gleich dahinter befindlichen Schloß Wiesberg und das Paznauntal. Die Strecke verläuft stetig abwärts, wir passieren Pians und streben dem Hauptort Landeck mit der davor befindlichen Innbrücke zu. Die Bergstrecke endet hier, und wir benützen fortan die zuerst fertiggestellte Talstrecke bis nach Innsbruck. Die Talstrecke verläuft bis Ötztal eigentlich unspektakulär, vor und nach Imst-Pitztal fahren wir ziemlich nahe am Innufer entlang. Sowohl der Inn als auch die Arlbergbahn verlaufen auf wenigen Kilometern in einer Schlucht, ehe dann nach der Überquerung der Ötztaler Ache Ötztal erreicht wird. In knapp 30 Minuten trifft der Zug in Innsbruck ein. Die Tiroler Landesmetropole ist der Ausgangspunkt zahlreicher, weiterer Bahnverbindungen. In Richtung Norden verläuft die Strecke der Karwendelbahn, in Richtung Süden gehts durch das Wipptal zum Brenner, und geradeaus verläuft die Strecke durchs Tiroler Unterland.

1044 007-1

BILD: MARKUS INDERST

Ein Bahnhofsschild der anderen Art: EC 87 passiert mit Zuglok 1044.123.

Der niedrigste Alpenübergang Europas

Innsbruck–Bozen

INFO

Innsbruck ist für EC, IC und Schnellzüge ein wichtiger Verkehrsknotenpunkt; direkte Züge aus der Schweiz, aus München sowie aus Wien. Kursbuchstrecke 3, **Streckenlänge:** 125 km, Fahrzeit: 2 h, ganzjähriger Betrieb, **Spurweite:** 1435 mm. **Besonderes:** Im Bahnhof Brennero geht die restliche Brennerstrecke auf die italienischen Staatsbahnen über, hier wechseln die Lokomotiven und das Zugbegleitpersonal.

Triebfahrzeuge: Am Brenner kommen überwiegend Lokomotiven der Reihen 1042 und 1044 zum Einsatz. Im Regionalverkehr sind es Triebwagen der Reihe 4020. Die FS setzt auf ihrem Streckenteil Loks der Serie E632 ein.

Info: Tel. 05 / 1717 – www.oebb.at

Die äußerst günstige Lage des Brenner-Überganges war schon den Römern bekannt, die diesen neben dem Reschenpaß als eine ihrer wichtigsten Transportrouten verwendeten. Mit 1374 m Seehöhe ist der Brenner die niedrigste aller Alpenüberquerungen. Die ersten Pläne zum Bau einer Brennerbahn stammten aus dem Jahre 1835. Es vergingen allerdings noch viele Jahre, bis 1863 die K.k. priv. Südbahngesellschaft die Baubewilligung bekam und 1864 mit dem Bau einer zunächst eingleisigen Strecke begann. Die ca. 125 km lange Brennerbahn von Innsbruck nach Bozen über den Brennerpaß wurde bereits nach 40 Monaten Bauzeit fertiggestellt und am 24. August 1867 dem allgemeinen Betrieb übergeben. Erbauer dieser bemerkenswerten Bahnlinie ist Ing. Carl von Etzel; bemerkenswert insofern, als ohne nennenswerte Kunstbauten wie etwa am Semmering auskam. Die zahlreich errichteten Erdwälle und auch die Trassierung entlang von Berglehnen

erübrigten schließlich den Bau von aufwendigen Brücken und Viadukten. Beachtenswert sind auch die beiden Kehrschleifen von St. Jodok und Gossensaß, deren Funktionsprinzip erstmals zur Überwindung von großen Höhenunterschieden angewendet wurde. Diese Baukonzeption fand übrigens so große Beachtung, daß demnach auch die bekannte Gotthardbahn in der Schweiz errichtet wurde.
Unsere Reise beginnt in Innsbruck, dessen Stadtteile bereits auf frühe Römersiedlungen zurückgehen. Innsbruck liegt in einem großen Talkessel mit 574 m Seehöhe und ist nördlich vom Gebirgszug der Nordkette begrenzt. Südöstlich liegt der Patscherkofel und westlich davon die Gletscherregion des Stubaitales mit der Stubaitalbahn. Wir verlassen nun Innsbruck in südlicher Richtung, und gleich nach der Ausfahrt des Hauptbahnhofes passieren wir die Basilika Wilten. Es schließt dann der Berg-Iseltunnel des gleichnamigen Berges mit der Olympia-Sprungschanze und dem Andreas-Hofer-Denkmal (Heldendenkmal des Tiroler Befreiungskrieges von 1809) an. Die Bahn verläuft zunächst entlang der Sill in einem schluchtartigen Verlauf. Die Strecke lehnt sich dann an die westlichen Flanken des Patscherkofels und der Zillertaler Alpen an, weshalb die Bahn auch in einigen Tunnels verläuft, und dazwischen einen schönen Ausblick in das Stubaital ermöglicht. Nach wenigen Minuten Fahrzeit unterqueren wir die Europabrücke der Brennerautobahn, höchste Pfeilerbrücke der Welt, und fahren zielstrebig dem ersten größeren Ort des Wipptales, Matrei am Brenner, entgegen. Sodann verläuft die Bahnlinie bis zum nächsten Ort Steinach am Talboden, schmiegt sich danach wieder dem östlichen Talrand an und macht einen Schwenk nach St. Jodok. Wir befahren nach der Haltestelle die „Jodoker Schleife", die erste Kehrschleife, die auf einer Länge von 10 km einen Höhen-

BILDER: MARKUS INDERST (SEITE 49 SOWIE SEITEN 50/51)

Eine 1044.2 zieht den EC 88 durch die Kehrschleife von St. Jodok.

unterschied von 320 m überwindet, wechseln die Talseite und gewinnen immer weiter an Seehöhe. Es eröffnet sich nun ein wunderbarer Blick in die Bergwelt des Schmirn- und Valstales. Der weitere Streckenverlauf unserer Fahrt erlaubt danach nochmals einen ungehinderten Blick auf die Stubaier Alpen. Ab der Haltestelle Gries am Brenner ist die größte Hürde überwunden, und die Steigungen halten sich bis zur Staatsgrenze zwischen der Haltestelle Brennersee und dem Bahnhof Brennero/Brenner in Grenzen. Nach 40 Minuten erreichen wir den Grenzbahnhof und Scheitelpunkt der Brennerlinie mit 1374 m Seehöhe. Wir befinden uns nun auf italienischem Territorium, nämlich in der autonomen Provinz Bolzano/Bozen, daß auch unter dem Namen Südtirol bekannt ist. Südtirol fiel nach Beendigung des Ersten Weltkrieges an Italien und damit auch das restliche Streckenstück der Brennerbahn, welches allerdings bis zur Auflösung der Südbahngesellschaft im Jahre 1924 noch dieser gehörte. Nach einem gut zehnminütigen Aufenthalt – das italienische Stromsystem mit 3 kV Gleichstrom erfordert einen Lokwechsel – neigt sich die Strecke entlang des Eisacktales bergab, und wir befahren gleich den im November 1999 neueröffneten Pfleschertunnel, der knapp 9000 m lang ist und die zweite Kehrschleife vor Gossensaß umfährt. Kaum in Sterzing/Vipiteno angekommen, haben wir schon eine Höhe von 400 m verloren und der weitere Streckenverlauf der Brennersüdrampe führt ab Mauls an den östlichen Ausläufern der Sarntaler Alpen vorüber. Wenig später treffen wir in Fortezza/Franzensfeste ein. Ab hier teilt sich die Strecke, und sie zweigt hinter dem Bahnhof in das Pustertal ein. Die Pustertalbahn wurde am 30. November 1871 eröffnet und verband dadurch die Brennerbahn mit dem übrigen Stammnetz der Südbahn. Die Linie verläuft über Bruneck, San Candido/Innichen, durch das Osttirol und dem Drautal via Spittal-Millstättersee bis nach Klagenfurt und weiter nach Wien. Wir nehmen aber nun den direkten Weg zum Endpunkt der Brennerlinie nach Bozen. Ab hier schlängelt sich die Strecke entlang

des Eisacktales immer weiter südwärts. Wir passieren zuerst den Ort Brixen, das durch sein Fürstengeschlecht zu Ruhm und Ehren kam.
Die Strecke fällt weiterhin bergab, und nach einer gesamten Fahrzeit von zwei Stunden erreichen wir das sonnige Bolzano/Bozen, daß nur noch auf 269 m Seehöhe liegt. Bozen ist der Hauptort der autonomen Provinz Südtirol und liegt in einem fruchtbaren Talkessel. Nördlich von Bozen verläuft die Rittnerbahn nach Oberbozen, ein weiteres lohnendes Ausflugsziel für Bahnfreunde.

Unterhalb von St. Jodok ist der D 1117 mit der 1044.219 unterwegs

BILD: MARKUS INDERST

Der Abschnitt Golling-Abtenau–Werfen verläuft neben hohen Felswänden.

Die Konkurrenzlinie zur Südbahn

Salzburg–Villach

Die Tauernbahn ist heute eine der wichtigsten Transitstrecken in Österreich und verbindet daher auf kürzestem Weg die Bundesländer Salzburg und Kärnten. Sie war ein Teil des „Transalpina"-Projektes und war als eine zweite Verbindung zur Hafenstadt Triest der einstigen Monarchie gedacht. Die eigentliche Tauernbahn beginnt in Schwarzach-St. Veit und endet nach 83 km in Spittal-Millstättersee. Der Baubeginn war 1901, und nach acht Jahren Bauzeit wurde sie langersehnt dem Verkehr übergeben, weil dadurch Umwege von mehr als 280 km eingespart werden konnten. Wir beginnen unsere Reise in Salzburg, der Mozartstadt mit den zahlreichen kulturellen Sehenswürdigkeiten. Wir benützen zunächst einen Teil der Giselabahn, die von hier aus nach Wörgl über Zell am See führt. Nach dem Verlassen des Bahnhofes macht unser Zug einen scharfen Rechtsbogen und fährt südwärts bis Golling-Abtenau. Wir passieren dabei auch Hallein, ein Ort, der wegen seiner historischen Funde am Dürrnberg in die Geschichte einging. Ab Golling-Abtenau fahren wir neben der

INFO

Salzburg bzw. Schwarzach-St. Veit sind mit direkten Zügen aus Wien, Selzthal bzw. Graz und Innsbruck erreichbar. Kursbuchstrecke 22, **Streckenlänge:** 188 km, **Fahrzeit:** 2 h 45 min, die Züge verkehren das ganze Jahr, **Spurweite:** 1435 mm. **Besonderes:** Direkte Züge von Salzburg nach Villach, teilweise eingeschränkter Regionalverkehr.

Triebfahrzeuge: Die Reihen 1044 und 4010 bespannen Fernzüge, die Nahverkehrszüge sind Wendezüge mit Loks der Reihe 1142.

Info: Tel. 05 / 1717 – www.oebb.at

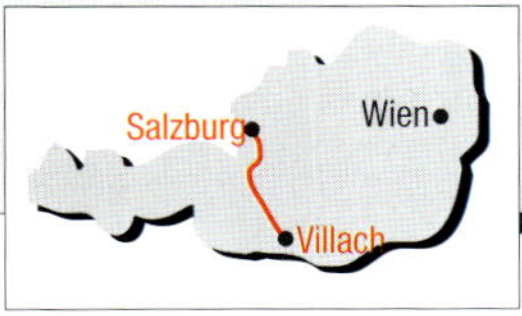

Ein Güterzug mit 1042.629 und 1044.013 auf dem Angertalviadukt.

Salzach einher. Die Trasse und auch die Salzach zwängen sich nach dem Ofenauer Tunnel in das enge Tal zwischen dem Hagener- und Tennengebirge und verläuft derart bis nach Werfen, wo sich hoch oben das Schloß Hochwerfen über uns erhebt. Danach führt die Strecke im S-förmigen Verlauf bis nach Schwarzach-St. Veit, wir machen aber noch vorher in Bischofshofen, dem Ausgangspunkt der Ennstalbahn, Halt. Die Tauernstrecke zweigt südlich der Giselabahn ab und steigt fast parallel bis hinter dem Bahnhof Loifern an. Wir fahren danach in den unteren Klammtunnel ein, überqueren dort die Gasteiner Ache und fahren danach in den oberen Klammtunnel. Es schließt eine längere Talstrecke bis nach Dorfgastein an. Ab hier beginnt die Strecke wieder zu steigen, erreicht schließlich Bad Hofgastein. Wir befahren sodann eines der schönsten Streckenstücke der Tauernbahn bis nach Bad Gastein. Hier mußten zahlreiche Kunstbauten wie Viadukte – darunter auch die Überquerung der Schloßalmbahn (siehe auch Seite 178) oder die markante Angertalschluchtbrücke (138 m lang) – errichtet werden, und der stetige Anstieg der Strecke erlaubt einen wunderbaren Ausblick auf das Tauernmassiv. Bad Gastein ist wegen seiner Radon-Quelle und der Thermalbäder ein bekannter Kurort und mitunter einer der gegensätzlichsten Orte im Gasteiner Tal, der von seiner einstigen Pracht noch nichts verloren hat. Wir verlassen nun Bad Gastein, und über einen nicht allzu großen Anstieg erreichen wir Böckstein. Hier befindet sich der nördliche Verladeterminal für die Autoschleuse. Sodann beginnt der 8551 m lange, zweigleisige Tauerntunnel, und nach zehnminütiger Fahrt treffen wir in Mallnitz-Obervellach ein, wo sich das südliche Autoverladeterminal befindet. Hinter Mallnitz befand sich bis Mitte November 1999 das letzte schöne Streckenstück der Südrampe, das noch einen herrlichen Blick auf die Gletscherregion der Tauern und des Mölltales zuließ. Doch seither wendet sich unser Zug in einem Linksbogen dem neuerrichteten, über 5000 m langen Kaponigtunnel zu, kreuzt danach die alte Tauernbahn bei Kaponig mit den herrlichen Viadukten, überquert den Kaponiggraben und verschwindet abermals im Tunnel. Gerade die alte Tauernbahn war bekannt für ihre kühne Trassenführung in

die Gräben hinein, führte über sie doch entweder durch zahlreiche Tunnels oder auf Brücken. Doch die ÖBB erwog infolge der steigenden Zugfrequenz ab den sechziger Jahren einen zweigleisigen Ausbau der Bahnstrecke. Es sind in den Jahren 1969 bis 1978 gleich drei Stahlbetonbogenbrücken errichtet worden, die eine Spannweite bis zu 220 m erreichen und zur Zeit der Eröffnung als technische Meisterleistung galten. Weitere „Meilensteine" sind die Lindischgraben-Brücke (282 m), die Falkensteinbrücke (396 m) mit der darunter befindlichen Burg Falkenstein und die Pfaffenberg-Zwenbrücke (377 m). Die Südrampe bietet auch schöne Ausblicke: einerseits erlaubt die Talfahrt einen großartigen Blick in das Mölltal und das immer näherrückende Drautal und andererseits sind noch die letzten Überreste der alten, damals noch eingleisigen Tauernbahn zu sehen, seien es auch nur noch einzelne Brückenpfeiler oder die vielen Tunnels. In Kolbnitz unterquert die Reißeckbahn auf den Schoberboden die Tauernbahn. Hier endet auch die zweigleisige Trasse und mündet sodann in die alte Bestandsstrecke ein. Übrigens ist auch im Zuge der Talfahrt die maximale Neigung von 27,8 Promille gut spürbar, die unser Zug mit maximal 120 km/h befährt. Das letzte Streckenstück verläuft bis zur Einbindung in die alte Südbahnstrecke bei Lendorf eingleisig und umfaßt noch die Ortschaften Mühldorf-Möllbrücke und Pusarnitz, wo die Trasse den Talboden erreicht. Sie verläuft sodann weiter bis nach Spittal-Millstättersee, dem südlichen Endpunkt der Tauernlinie.
Wir fahren aber nun weiter und benützen die Südbahn bis nach Villach. In entgegengesetzter Richtung verläuft die Strecke nach Osttirol, durchquert das Pustertal und trifft bei Fortezza/Franzensfeste auf die Brennerbahn. Die Fahrt bis Villach durch das Drautal dauert noch knappe 30 Minuten und eröffnet ab Rothenturn einen ersten Blick auf die Karawankengruppe, ehe unsere Reise dort endet. Villach ist nicht nur ein Anziehungspunkt vieler Faschingsnarren, sondern auch ein Verkehrsknotenpunkt. Nördlich verläuft die Ossiacher-Seestrecke nach St. Veit an der Glan, geradeaus führt die Strecke zur Landeshauptstadt Klagenfurt, und in Richtung Süden erstreckt sich einerseits die Karawankenbahn und andererseits die Südbahn nach Italien.

Bild links: Der IC 590 erreicht vor Pusarnitz den Talboden zum Drautal.

BILDER: MARKUS INDERST (2)

Lok 1043.009 auf dem Seebachviadukt bei Kolbnitz.

BILD: MARKUS INDERST

Der älteste Tunnel Österreichs mit 4010.021+006 bei Pfaffstätten (19.10.1997).

Die erste Gebirgsbahn der Welt

Wien–Bruck

INFO

Wien-Südbahnhof ist mit Schnellbahnzügen aus allen Richtungen erreichbar. Es enden dort auch Schnellzüge aus den ehemaligen Ostblockländern. Kursbuchstrecken 5 und 6, **Streckenlänge:** 160 km, **Fahrzeit:** 2 h, die Züge verkehren während des ganzen Jahres, **Spurweite:** 1435 mm. **Besonderes:** Entlang der Semmeringstrecke befindet sich ein Wanderweg mit Ausblick auf die sehenswerten Bauwerke. Der Semmering gilt als historisch wichtiges Baudenkmal aus den Anfängen des Eisenbahnzeitalters.

Triebfahrzeuge: Am Semmering sind Lokomotiven der Reihen 1042/1142 und 1044 sowie Triebwagen 4010 im Einsatz.

Info: Tel. 05 / 1717 – www.oebb.at

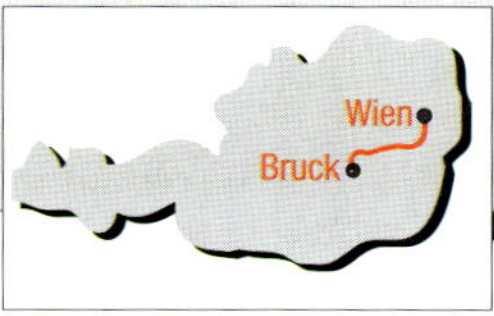

Für jeden, der Österreich mit dem Zug erleben will, gehört die Semmeringstrecke zum unbedingten Muß, ist sie doch eine technische Meisterleistung des venetinianischen Mathematikers und Architekten Carl Ritter von Ghega, der die Bahn nach seinen Plänen nach der Niederschlagung der Oktober-Revolte 1848 zu bauen begann und 1854 fertigstellte. Die Semmeringbahn ist zwar heute eine wichtige Transitstrecke im Nord-Süd-Verkehr, hat aber deswegen nicht an Glanz und Historie verloren. Durch die Ernennung zum Weltkulturerbe der UNESCO gewinnt sie vielmehr an Bedeutung.
Ausgangspunkt für eine Reise über den Semmering ist Wien, wo stündlich Züge über die landschaftlich reizvolle Strecke fahren. Es sollte darauf geachtet werden, daß man in Fahrtrichtung links sitzt, um damit den schönsten Ausblick zu haben. Die ersten 45 Minuten dieser Reise sind zwar landschaftlich nicht aufregend, aber man befährt doch eine der

ältesten Eisenbahnstrecken Österreichs mit dem ältesten Tunnel bei Gumpoldskirchen, auf dem die lateinischen Worte „recta sequi" zu lesen sind. Wir erreichen danach Wiener Neustadt, wo Anschlußzüge zum Wechselgebiet bzw. zum Hausberg der Wiener, dem Schneeberg, abfahren. Es gibt aber auch eine Umsteigeverbindung auf einen Eilzug, um die Reise über den Semmering etwas langsamer genießen zu können. Unsere Reise geht weiter nach Gloggnitz, dem eigentlichen Beginn die Semmeringbahn. Wir fahren zunächst in sanfter Steigung nach Payerbach-Reichenau, wo die Bahn auf Dämmen und Stützen errichtet ist. In Payerbach-Reichenau beginnt auch der Semmering-Wanderweg, der auf den immerhin 31 km langen Pfaden entlang der Bahnlinie herrliche Ausblicke auf die Vielzahl der Kunstbauten eröffnet. Hier beginnt auch die Museumsbahn nach Hirschwang, die auf ihrer Spurweite von 760 mm weiter ins Höllental hineinfährt. Nachdem wir Payerbach-Reichenau verlassen haben, überqueren wir den aus 13 Bogen gebauten Schwarzaviadukt, machen dabei eine Kehre und fahren wieder in Richtung Gloggnitz bis nach Eichberg zurück. Es eröffnet sich uns nicht nur ein Blick zur Schneeberg-Rax-Region, sondern wir können auch aufgrund der 25 Promille-Steigung die Bahntrasse von Gloggnitz her sehen. Die Strecke macht hinter Eichberg wiederum eine große Kehre, und wir fahren sodann in die wildzerklüfteten Adlitzgräben hinein. Dabei ist auch erstmals der Semmering zu sehen, erkennbar an der Richtfunkanlage. Hinter der Station Klamm-Schottwien beginnt der eigentlich schöne Teil der Semmeringbahn. Wir fahren alsbald durch den Weinzetteltunnel, der mit seiner Fenstergalerie einen Ausblick gestattet, und erreichen gleich dahinter Breitenstein, einen bekannten Kurort. Bereits nach wenigen Hundert Metern geht es über die bekanntesten Bauwerke der Semme-

BILD: MARKUS INDERST

Der IC 158 wird von der 1044.265 über das Krauselklauseviadukt gefahren.

BILD: MARKUS INDERST

Eine 1044 mit D 435 „Zürichsee" über dem Adritzgrabenviadukt (14.07.1995).

ringbahn. Wir passieren zunächst den kürzesten Tunnel der Strecke, den Krauseltunnel, überqueren anschließend das nach römischen Vorbild gebaute Krauselklauseviadukt, fahren in den Polleroswandtunnel hinein und queren anschließend das weltbekannte Kalte-Rinne-Viadukt. Wir wechseln dabei auf die andere Hangseite, und wir dürfen nochmals einen Blick auf jene herrlichen Bauwerke werfen, die wir zuvor befahren haben. Die Strecke windet sich weiterhin steil bergan und umrundet auch diese Berglehne, um nach knapp zwei Kilometern über den letzten, großen Viadukt, den Adlitzgrabenviadukt, zu führen, bevor Semmering erreicht wird.
Der Ort Semmering war einst das Mekka der noblen Gesellschaft und derer, die sich so bezeichnen mochten. Die Ernennung Semmerings zum Luftkurort im Jahre 1882 und der Bau von Hotels ließ die Exklusivität dieses kleinen Bergdorfes nur noch steigen.
Seit dem Abzug der Besatzungsmächte im Jahre 1955 schwebt über dem Ort Semmering ein Hauch von Morbidität. Die Bedeutung des Semmerings ist aber heute keineswegs verloren. Er zählt heute zu den schönsten Skigebieten in der Region und lockt im Winter viele Skifahrer aus der Großstadt an.
Unsere Fahrt verläuft weiter durch den rund 1500 m langen Semmeringtunnel, in dem zugleich der Scheitelpunkt und die Landesgrenzen von Niederösterreich und Steiermark verlaufen. Die südliche Semmeringstrecke vom Semmeringtunnel bis zum Endpunkt Mürzzuschlag verläuft eher unspektakulär. Die Steigung ist dort gemäßigt, und man bemerkt, daß unser Zug merklich schneller als die auf der Nordrampe erlaubten 70 km/h fährt. Wir befinden uns bereits im Mürztal und treffen in wenigen Minuten in Mürzzuschlag ein. Mürzzuschlag soll nach derzeitigen Planungen der Beginn des geplanten Semmeringbasistunnels sein, der mit einer Länge von 22 km eine schnelle und direkte Verbindung mit Gloggnitz herstellen soll.
Politsche Streitereien haben aber das bisher größte Eisenbahnprojekt verhindern lassen. Mit der Fertigstellung wird aber die historische Strecke wesentlich entlastet, war doch die Ghegastrecke zunächst für Achslasten von sechs Tonnen errichtet worden, die heute um fast das vierfache Überschritten werden. Dementsprechend ist auch der hohe

Instandhaltungsaufenthalt erklärbar. Der weitere Verlauf der Südbahn führt durch das Mürztal das wegen seiner vielen metallverarbeitenden Betriebe bekannt ist. In Mürzzuschlag zweigt allerdings noch eine Stichlinie nach Neuberg ab. Unsere Fahrt geht weiter nach Bruck an der Mur. Hier verzweigt sich die Strecke. Südwärts fährt die Eisenbahn nach Graz, westlich führt die Trasse nach Leoben, von dort über den Schoberpaß nach Selzthal, bzw. weiter über den Neumarkter Sattel nach Kärnten.

BILD: MARKUS INDERST

Die 1044.203 bespannt einen der Güterzüge, die über den Semmering fahren.

BILD: MARKUS INDERST

Aus Slowenien kommt der D 290, der in Villach Westbahnhof Station macht.

Von der einstigen Transitbahn zur Regionalbahn

Villach–Jesenice

Die Karawankenbahn war ebenfalls ein Teil der „Neuen Alpenverbindungen" als Teil einer zweiten Eisenbahnverbindung von Prag nach Triest. Sie beginnt eigentlich in Villach Westbahnhof und endet in Jesenice, das bereits auf slowenischem Gebiet liegt. Dort findet die Karawanken-Alpentransversale ihre Fortsetzung als Wocheinerbahn bis zur Hafenstadt Triest, bei der wiederum zahlreiche Kunstbauten, insbesonders große Steinviadukte, notwendig waren. Die nur 37 km lange Karawankenbahn ist eine eingleisige Hauptbahn, und sie wurde am 1. Oktober 1906 eröffnet. Sie weist im Unterschied zu allen anderen Strecken keine Kunstbauten auf. Bemerkenswert ist allerdings der 7975 m lange Karawankentunnel, der zweigleisig ausgeführt ist.
Unsere Reise beginnt in Villach, der Eisenbahnerstadt und Hochburg aller Faschingsnarren in Kärnten. Villach ist auch Ausgangspunkt zahlreicher Bahnlinien in alle Himmelsrichtungen, und zwar zum Ossiacher See via Feldkirchen nach St. Veit an der Glan, nach Klagenfurt und zum Tauern oder gar nach Ost-

INFO

Villach ist mit direkten EC und IC aus Salzburg, Wien-Süd und Italien erreichbar. Kursbuchstrecke 22, **Streckenlänge:** 31 km, **Fahrzeit:** 40 min, ganzjähriger Betrieb, **Spurweite:** 1435 mm. **Besonderes:** Einige durchgehende Schnellzüge nach Slowenien, der Regionalverkehr endet meistens in Rosenbach.

Triebfahrzeuge: Auf der Karawankenstrecke werden ET 4030 sowie Wendezüge mit 1142 eingesetzt. Im Fernverkehr trifft man Loks der Reihen 1110, 1043 und 1044.

Info: Tel. 05 / 1717 – www.oebb.at

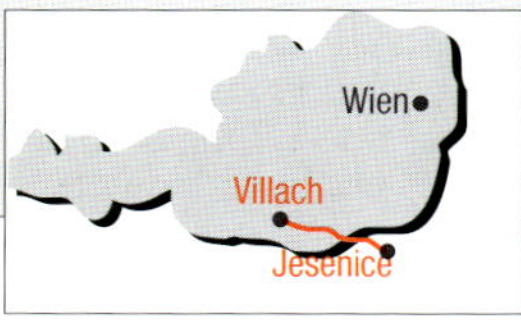

BILD: MARKUS INDERST

Ein Urlauberzug mit ÖBB 1042.636 und DB 140.036 fährt nach Faak.

oder Südtirol. Unsere Strecke hingegen verläuft in südliche Richtung.
Wir verlassen also den Villacher Hauptbahnhof, überqueren nach einem Linksbogen die Drau und erreichen nach wenigen Minuten den Villacher Westbahnhof, ein wunderschöner Jugendstilbau. Zuvor, am Südufer der Drau, treffen wir auf die Schleifergleise von Tauern- und Ossiacherstrecke. Wir fahren weiter südwärts, machen einen Halt in Villach Warmbad, das nach einem Heilquellenbad benannt ist, das nur wenige Meter von der Haltestelle entfernt ist, und fahren noch einige Kilometer geradeaus.
Wir verlassen dann die nach Tarvis verlaufende Südbahn unterhalb des Villacher Hausberges, dem Dobratsch, und in Höhe der Ausfahrtsgleise des Villacher Großverschiebebahnhofes zweigen wir fast rechtwinklig in Richtung Osten ab. Spätestens hier ist ein atemberaubender Blick in das Dreiländereck bei Arnoldstein mit den Karnischen Alpen einerseits bzw. dem Karawankengebirge andererseits möglich. Wir passieren anschließend mehrere Ortschaften und treffen schließlich in Faak am See ein.
Der gleichnamige Badesee ist ein wahres Eldorado für Wasserratten und -nixen. Leider wurde die nahegelegene Haltestelle aufgehoben. Die Strecke verläuft bis hinter Ledenitzen im freien Gelände, erst dahinter wird ein dichtes Waldstück in einer größeren Steigung bezwungen, an dessen Ende wir nach einem scharfen Rechtsbogen in Rosenbach eintreffen. Hier findet die Zoll- und Paßkontrolle statt, und es wartet schon ein abfahrtbereiter Zug, der über die bautechnisch sehr beachtenswerte Rosentalbahn mit ihren wunderschönen und weitläufigen Brücken nach Klagenfurt führt.
Nach kurzem Aufenthalt befahren wir das letzte Stück der Karawankenbahn mit dem immerhin viertlängsten Eisenbahntunnel Österreichs. Es dauert nur noch wenige Minuten, und wir sehen nach der Ausfahrt aus dem Grenztunnel die ersten Stadtteile von Jesenice in Slowenien. Hier würde sich eine Reise mit der Wocheinerbahn geradezu anbieten. Auf der Rückfahrt sei jedoch die Benützung der bereits erwähnten Rosentalbahn empfohlen.

Die Schloßbachbrücke gilt als größte Stahlkonstruktion der Strecke (19.04.1991).

Erste elektrische Vollbahnverbindung

Innsbruck–Garmisch-Partenkirchen

INFO

Innsbruck ist für EC, IC und Schnellzüge ein wichtiger Verkehrsknotenpunkt; direkte Züge aus der Schweiz, aus München sowie aus Wien. Kursbuchstrecke 41, **Streckenlänge:** ca. 60 km, **Fahrzeit:** 1 h 30 min, die Züge verkehren während des ganzen Jahres, **Spurweite:** 1435 mm. **Besonderes:** Täglich ein durchgehendes Zugpaar von Innsbruck nach Reutte zur Außerfernbahn, ansonsten direkte Züge nach München.

Triebfahrzeuge: Es kommen neben ÖBB ET 4020 auch Wendezüge der Deutschen Bahn mit den Baureihen 110, 111 und 113 zum Einsatz.

Info: Tel. 05 / 1717 – www.oebb.at

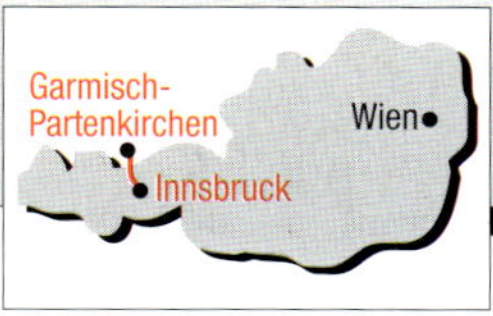

Die 57 km lange Karwendelbahn zählt europaweit zu den schönsten eingleisigen Alpenbahnen. Sie verbindet zwei Olympiaorte, und zwar Innsbruck und Garmisch-Partenkirchen. Die ersten Pläne zum Bau der Strecke gab es bereits 1843, jedoch erst 61 Jahre später wurde per Staatsvertrag der Bau der Strecke beschlossen, und nach 16-monatiger Bauzeit am 28. Oktober 1912, bereits mit 15 kV/16,7 Hz elektrifiziert, dem Betrieb übergeben. Entlang dieser Strecke befinden sich nicht weniger als 16 Tunnels mit 16,5 km Länge und 14 imposante Viadukte sowie zahlreiche Lawinengalerien, die nach den Plänen des Erbauers, Ing. Riehl, dem „Eisenbahnvater" Tirols, entstanden sind. Unsere Reise beginnt in Innsbruck. Von hier aus wird die Strecke fast stündlich befahren, und es empfiehlt sich in Fahrtrichtung links zu sitzen. Wir benützen zunächst auf drei Kilometern die Arlberglinie, ehe wir rechts abzweigen und den Inn überqueren. Ab hier ist ein erster Blick auf die mächtige Martinswand möglich. Ab Hötting steigt die Strecke kontinuierlich an, so daß sich uns ein herrlicher Blick ins Inntal eröffnet. Es dauert nicht lange, und nachdem wir mehrere kleinere Tunnels passiert haben, fahren wir in den 1810 m langen Martinswandtunnel ein. Er verfügt über eine „Aussichtsgalerie" mit mehr als 25 Logen. Hinter Hochzirl beginnt ein ganz reizvoller Streckenabschnitt. Wir fahren alsbald in die beiden Vorbergtunnels ein und überqueren den Vorbergviadukt. Gleichzeitig ist auf der gegenüberliegenden Talseite das Kaiserstandviadukt sowie das Lehnenviadukt und weiter rechts auch die 66 m lange, 70 m hohe Stahlkonstrukion der Schloßbachbrücke zu sehen, welche wir in wenigen Minuten befahren werden. Nach der Durchfahrt von zwei Tunnels überqueren wir die Schloßbachbrücke, wenden uns auf die andere Talseite zu und erhalten einen Blick auf die soeben befahrene Strecke, ehe wir auf die beiden Viadukte fahren. Der weitere Verlauf ist dann bis Seefeld eher unspektakulär, aber dennoch schön. Weiter passieren wir noch die Ortschaft Reith mit dem davor befindlichen Gurgelbachviadukt. Seefeld bildet mit 1180 m Höhe den Scheitelpunkt der Karwendelbahn.

Die Strecke fällt ab hier bergab. Bereits nach wenigen Minuten sehen wir auf der rechten Seite das neuerrichtete Spielschloß „Playcastle" mit dem urigen Haltestellenhäuschen, das einer kleinen Burg gleicht! Dann geht es weiter zur Grenzstation Scharnitz, wo wir zuvor das Karwendelgebirge erblicken. Unsere Fahrt führt dann über Mittenwald und Klais nach Garmisch-Partenkirchen, Austragungsort des alljährlichen Neujahrspringens.

Die Karwendelbahn erfährt in Garmisch ihre Fortsetzung in der Außerfernbahn, die wieder zurück nach Tirol führt. Es empfielt sich hier umzusteigen, denn die Weiterfahrt lohnt sich. Es erwartet sie eine landschaftlich reizvolle Strecke. Die Fahrt nach Reutte ist für Naturliebhaber ein unbedingtes Muß!

BILD: MARKUS INDERST

Bei Allerheiligenhöfe fährt der E 1885 mit 1042.610 Innsbruck zu (13.02.1993).

Eine Reise in das Burgen- und Seeland Kärnten

Bruck–Villach

Der Neumarkter Sattel liegt im Grenzgebiet der Bundesländer Steiermark und Kärnten und ist zugleich Scheitelpunkt der wichtigsten Bahnlinie von Wien nach Kärnten bzw. Italien. Sie wird oft fälschlicherweise als Südbahn bezeichnet. 1868 von der Kronprinzen-Rudolfsbahn zunächst eingleisig errichtet, führt sie entlang der alten Römerstraßen. Noch vor dem Ersten Weltkrieg erfolgte die Zulegung des zweiten Streckengleises, die Elektrifizierung kam rund 100 Jahre nach Aufnahme des Zugverkehrs.
Wir beginnen unsere Reise in Bruck an der Mur, da es sich nach der Überquerung des Semmerings geradezu anbietet, gleich weiter nach Kärnten zu fahren. Wir verlassen Bruck an der Mur in westlicher Richtung und treffen in Leoben ein. Leoben ist nicht nur wegen der Gösser-Brauerei bekannt, sondern in Leoben-Donawitz werden die längsten Eisenbahnschienen der Welt produziert. Wir fahren weiter nach St. Michael und benützen ab hier die Geleise der Kronprinzen-Rudolfsbahn. An dieser Stelle zweigt auch die Bahnlinie nach Selzthal über den Schoberpaß ab. Die Strecke führt weiter westlich nach Knittelfeld, wo sich unmittelbar neben dem Bahngelände die hiesige Reparaturwerkstätte befindet. Dort werden sowohl Fahrbetriebsmittel als auch Komponenten für die neue Lokreihe der ÖBB gewartet bzw. gebaut. Auf der Fahrt nach Zeltweg passieren wir nördlich von uns den A1-Ring, Austragungsort des alljährlich stattfindenden Grand Prix von Österreich. Nach Zeltweg zweigt die Strecke zum Obdacher Sattel ab, und wir nehmen schon einen ersten Anblick der Seckauer Alpen wahr. Weiterfahrend treffen wir in Unzmarkt auf die schmalspurige Murtalbahn, deren Trasse unter uns hindurchführt und entlang der Mur nach Tamsweg verläuft. Hier beginnt auch der Neumarkter Sattel. Die Strecke fängt nach der Überquerung der Mur an zu steigen und schenkt um die Berglehne des Seetaler Alpen bis nach Mariahof-St. Lamprecht, dem Scheitelpunkt. Unsere Reise führt weiter nach Neumarkt in der Steiermark und vorbei am Furthner-Teich. Danach senken sich die Gleise merklich bergab. Wir erreichen bald Friesach, die älteste Stadt Kärntens. Im Hintergrund erkennt man die mächtige Burganlage. Die Strecke verläuft weiter südlich nach Treibach-Althofen, früherer Ausgangspunkt der Gurktalbahn. Im Osten zeigt sich der terrassenförmig auf den Thomasberg ansteigende Kurort Althofen mit seiner aus dem 15. Jahrhundert stammenden gotischen Pfarrkirche. Wir fahren weiter und passieren bald die kleine Kirche zwischen Kappel am Krappfeld und Passe-

INFO

Bruck an der Mur ist mit EC und IC von Innsbruck, Salzburg, Linz, Wien-Süd und Graz erreichbar. Kursbuchstrecke 6, **Streckenlänge:** 212 km, **Fahrzeit:** 2 h 48 im IC bzw. 3 h 36 im Eilzug, ganzjähriger Betrieb, **Spurweite:** 1435 mm. **Besonderes:** Zweistundentakt, durchgehende Verbindungen von Wien-Süd via Bruck an der Mur nach Villach.

Triebfahrzeuge: Über den Neumarkter Sattel fahren Loks der Reihen 1042 / 1142, 1044 und ET 4010.

Info: Tel. 05 / 1717 – www.oebb.at

Der Eilzug 1694 passiert mit der 1142.554 den Furtner-Teich bei Neumarkt.

ring. Es folgt dann nach wenigen Minuten die aus dem Mittelalter stammende Khevenhüllerburg Hochosterwitz. Unsere Reise geht nun weiter bergab nach St. Veit an der Glan, wo die Strecke zum Ossiacher See abzweigt. Wir fahren weiter südwärts, passieren den Wallfahrtsort Maria Saal und erreichen die Landeshauptstadt Klagenfurt. Die restliche Fahrt nach Villach verläuft entlang des Nordufers des Wörther Sees und erlaubt einen Blick auf das Wasser.

BILDER: MARKUS INDERST (2)

Triebzug 4010.023 zwischen Kappel am Krappfeld und Passering (18.08.1998).

Güterzug 44644 mit Lok 1044.059 auf der eindrucksvollen Trisannabrücke auf der Arlberg-Ostrampe.

3.

90 Bahnziele in Österreich

Foto: Markus Inderst

90 Bahnziele in Österreich

Karte: Roger Haueter

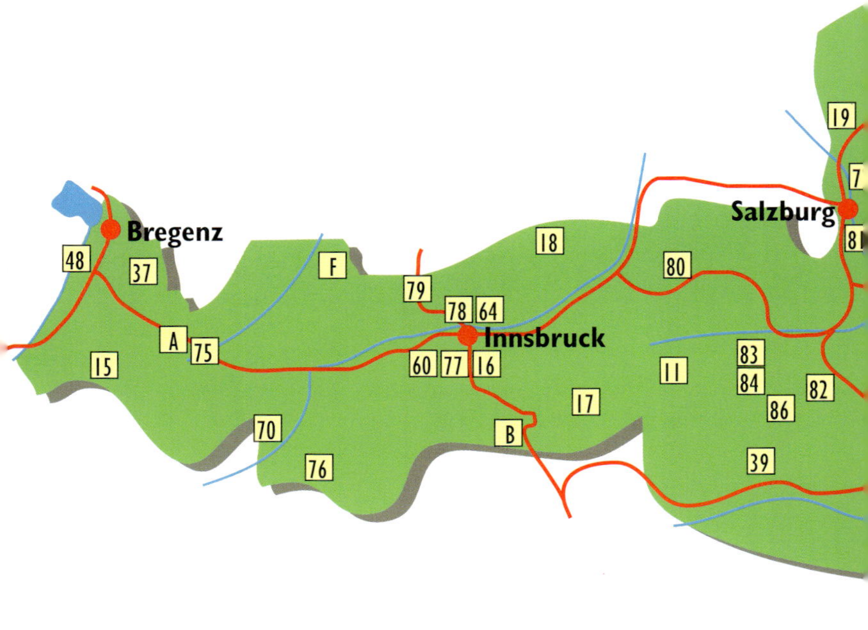

Übersichtskarte Reiseziele

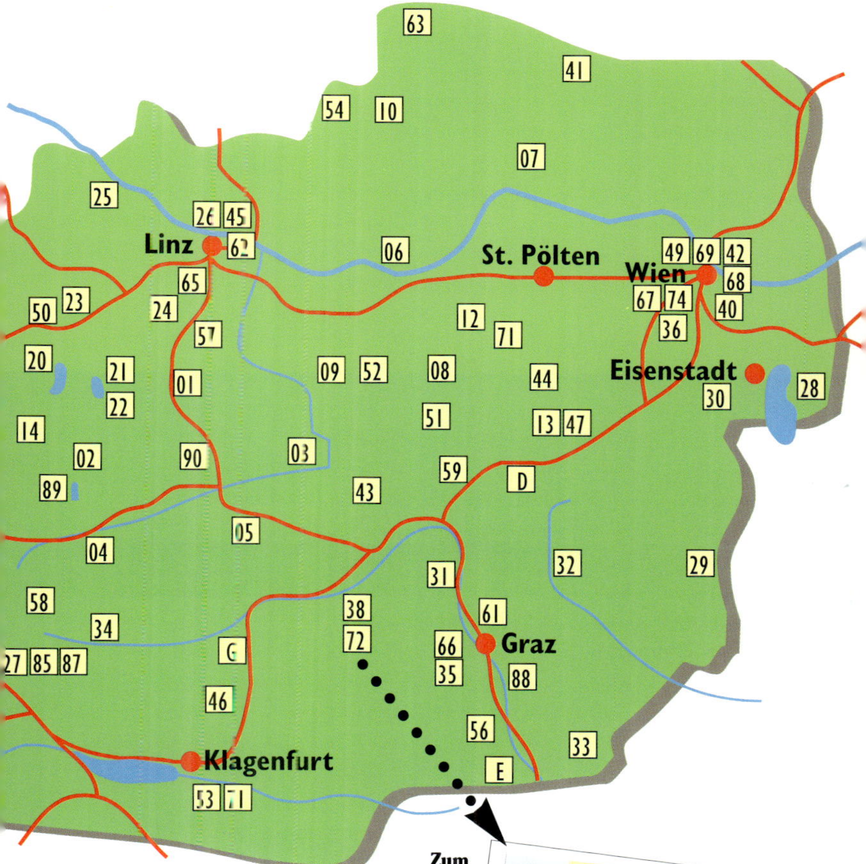

Zum leichten Auffinden: Die Nummer Ihres Reisezieles finden Sie im Kopfbalken der folgenden Seiten

Gurkthalbahn

46

Alle drei Dampfloks der Gurkthalbahn in Pöckstein-Zwischenwässern.

Dreischienengleis für Dampfloks

Museumsbetrieb: von Treibach-Althofen nach Klein-Glödnitz

Nachdem zunächst eine Straßen-, dann eine Normalspur-Bahn geplant worden waren, baute man schließlich zwischen Treibach-Althofen und Klein-Glödnitz eine Schmalspurbahn mit 760 mm Spurweite, die am 10. Oktober 1898 ihren Betrieb aufnahm. Nach dem Ersten Weltkrieg

INFO

In Treibach-Althofen, dem Ausgangspunkt der Museumsbahn, halten alle

Die Triebzüge 4030.104+318 in Gesäuse Eingang mit Ausblick auf das Hochtor (25.07.1995).

BILD: MARKUS INDERST

ÖBB-Bundesbahnen Normalspur

BILD: MARKUS INDERST

Der IC 507 verläßt mit 4010.021 den Bosrucktunnel bei Ardning (05.07.1999).

Eine Reise in das Alpenvorland

Einst: Lokalbahn – heute: wichtige Nord-Süd-Verbindung

Die Reise entlang der Phyrnstrecke kann als ein Wechselspiel zwischen Industriegebieten, weitläufigen Wohngebieten und landwirtschaftlich genutzer Flächen beschrieben werden. Unsere Reise beginnt in Linz Hbf; gleich nach der Unterquerung der Westbahnstrecke zweigt die Bahntrasse nach Süden ab und mündet vor Wegscheid in die alte Kremstalbahn ein. Die Strecke verläuft östlich der Krems bergwärts nach Micheldorf hinauf und ist von Hügeln umgeben. Wir passieren auf dieser Fahrt gleich hinter Rohr die Benediktinerabtei Kremsmünster, markant durch das langgezogene Gebäude und die achtstöckige Sternwarte, und bei Schlierbach ist linker Hand das Zisterzienserstift Schlierbach zu sehen. Ab Micheldorf benützen wir die Neubaustrecke und erreichen bald Klaus. Die Strecke verläuft nun weiter im engen Steyrtal, wo sie teilweise unter den 2000 m hohen Bergen in Tunnels verbannt wurde. Ab hier befahren wir bald den Bosrucktunnel. Bei Ardning gehts dem Talboden zu, es folgt die Einmündung in die Gesäusestrecke und das „Ende“ in Selzthal.

INFO

Linz wird mit ICE, EC und IC von Salzburg bzw. Passau oder Wien erreicht; nach Selzthal gelangt man mit direkten EC oder IC von Graz oder Bischofshofen aus. Kursbuchstrecke 14, **Streckenlänge:** 104 km, **Fahrzeit:** mit dem Intercity 1 h 40 min, mit dem Regionalzug 2 h 02 min, **Spurweite:** 1435 mm.

Triebfahrzeuge: Zum Einsatz kommen Triebwagen der Reihe 4010 bei den ICs. Die Regionalzüge werden mit Lokomotiven der Reihen 1041, 1141 und 1042 bespannt.

Info: Tel. 05 / 1717 – www.oebb.at

Durch die Koppenschlucht zum Hallstättersee

Von Attnang-Puchheim nach Stainach-Irdning

Unsere Reise beginnt in Stainach-Irdning, indem wir zunächst auf das Hochplateau von Tauplitz und Bad Mitterndorf hinauffahren. Wir sind umgeben vom Toten Gebirge im Norden und vom Dachsteinmassiv im Süden, wo sich auch die Flugschanze am Kulm befindet. In einem Talkessel erreichen wir Bad Aussee, bekannt durch das Narzissenfest, und die Bahn verläuft dann in der 12 km langen Koppenschlucht zum Hallstättersee und weiter nordwärts entlang der Traun zur bekannten Kaisermetropole Bad Ischl. Wir fahren weiter, entlang der Traun, und treffen in Ebensee ein, wo wir auf den Traunsee stoßen, den wir schließlich am Westufer bis nach Gmunden umfahren. In Gmunden wartet bereits die elektrische Straßenbahn auf uns bzw. es kann dort das bekannte Schloß Orth besucht werden. Die wenigen Kilometer bis zum Endpunkt sind eher unspektakulär.

INFO

Attnang-Puchheim wird mit dem Intercity von Linz oder Salzburg erreicht, nach Stainach-Irdning gelangt man von Bischofshofen oder Selzthal aus. Kursbuchstrecke 17, **Streckenlänge:** 108 km, **Fahrzeit:** 2 h 30 min, **Spurweite:** 1435 mm.

Triebfahrzeuge: Auf der Salzkammergutlinie werden traditionell noch Altbaumaschinen eingesetzt. Es kommen hier die Reihen 1041, 1141, 1042 und neuerdings auch 1044 zum Einsatz.

Info: Tel. 05 / 1717 – www.oebb.at

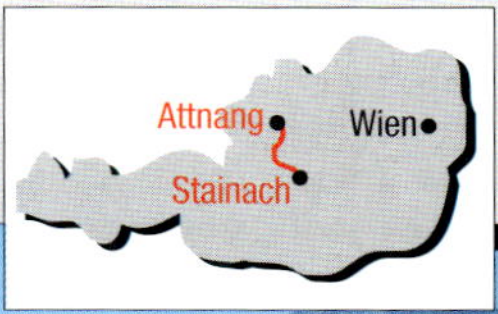

BILD: MARKUS INDERST

Die 1141.010 mit Z 3417 bei Obersee am Hallstättersee (03.07.1999).

BILD: MARKUS INDERST

Eine sechsachsige Güterzuglok 1110.006 hält mit Zug 3524 in Gesäuse-Eingang.

Hinein in den Graben

Von Selzthal nach Amstetten

Kaum in Selzthal angekommen, empfielt es sich, in den nächsten Zug nach Amstetten einzusteigen. Auf unserer Fahrt nach Admont sehen wir bald die auf einem Berg errichtete Wahlfahrtskirche bei Frauenberg. Die Einfahrt von Admont wird durch die beiden zierlichen Türme der Stiftkirche mit dem anschließenden Benediktinerkloster gesäumt, das vor allem wegen des 70 m langen Bibliothekstraktes bekannt ist. Danach verengt sich das Tal. Bei der Haltestelle Gesäuse Eingang sehen wir den bekannten Gebirgszug des Hochtores. Dann gehts neben dem Bachbett der Enns talwärts, links und rechts bis nach Hieflau die hochauftürmenden Berge. In Hieflau bestand bis vor kurzem eine Anschlußverbindung nach Eisenerz zum Steirischen Erzberg. Wir verlassen nun Hieflau, zweigen in Richtung Norden ab und befahren bis Kleinreifling eine der schönsten Flußlandschaften Österreichs. Hinter Kleinreifling bei Kastenreith zweigt die Strecke nach St. Valentin ab, wir erreichen dann Waidhofen an der Ybbs und kommen alsbald in Amstetten, unserem Zielbahnhof, an.

INFO

Selzthal erreicht man mit direkten Zügen aus Linz, Graz und Bischofshofen. In Amstetten halten aber nur ICs, keine ECs. Kursbuchstrecke 13, **Streckenlänge:** 118 km, **Fahrzeit:** 2 h 40 min, **Spurweite:** 1435 mm.

Triebfahrzeuge: Auch diese Strecke ist ein Eldorado von Altbaulokomotiven. Die Reisezüge werden mit Maschinen der Reihen 1040, 1041, 1141 und 1042 oder auch mit Triebwagen der Reihe 4030 geführt.

Info: Tel. 05 / 1717 – www.oebb.at

BILD: MARKUS INDERST

Der 4010.029 passiert als IC 514 das Schloß Trautenfels (03.07.1999).

Die wichtige Ost–West-Verbindung

Von Bischofshofen nach Selzthal

Wir beginnen unsere Reise in Bischofshofen und verlassen den Bahnhof in nördlicher Richtung, zweigen von der Giselastrecke Wörgl–Salzburg rechts ab. Nach der Durchfahrt des längsten Tunnels erreichen wir das Fritzbachtal. Hier befahren wir das enge Tal entlang des Fritzbaches und die Strecke verläuft daher in mehreren Tunnels. In Eben im Pongau erreichen wir den Scheitelpunkt und münden anschließend in das obere Ennstal ein. Wir fahren weiter in Richtung Osten bis Mandling, wo wir wenig später die Landesgrenze passieren und in das Gebiet der Ramsau bei Schladming fahren. Die Strecke verläuft entlang der Sonnenseite weiter bis zur Haltestelle Aich neben der Enns; unser Zug überquert diese und fährt an der Schattenseite bis nach Öblarn weiter. Es dauert nicht lange, und wir passieren bei Trautenfels das Schloß. Bald ist Stainach-Irdning erreicht. Dort warten bereits die Anschlußzüge ins Salzkammergut. Wir fahren weiter und streben der Bezirkshauptstadt Liezen zu, um dann in Selzthal anzukommen.

INFO

Bischofshofen bzw. Selzthal werden mit direkten Zügen aus Salzburg, Innsbruck, Villach bzw. Linz und Graz erreicht. Kursbuchstrecke 14, **Streckenlänge:** 102 km, **Fahrzeit:** 1 h 30 min bis 2 h. **Spurweite:** 1435 mm.

Triebfahrzeuge: Die EC und IC werden entweder als Triebwagen der Reihe 4010 oder mit Lomotiven der Reihen 1042 / 1142 und 1044 bespannt. Die Regionalzüge verkehren entweder als Triebwagengarnitur der Reihe 4030 oder lokbespannt mit den Reihen 1041 und 1141, gelegentlich 1042 oder 1044.

Info: Tel. 05 / 1717 – www.oebb.at

BILD: MARKUS INDERST

Die 1141.019 zieht den aus nur zwei Wagen bestehenden Zug nach Selzthal.

Zwischen Seckauer- und Eisenerzer Alpen

Von Selzthal nach St. Michael

Die Schoberpaßlinie wurde von der damals gegründeten k. k. priv. Kronprinz-Rudolfsbahn (KRB) gebaut und 1869 (Rottenmann–St. Michael) bzw. 1872 (Küpfern–Selzthal–Rottenmann) eröffnet, und war zunächst eingleisig. Diese Strecke war ein wichtiger Bestandteil einer zweiten Eisenbahnverbindung, gedacht als Konkurrenzlinie zur Südbahn über den Semmering. Ihren Ausgangspunkt nahm die KRB an der Westbahn, an der dort gelegenen Station St. Valentin. Die Strecke verläuft entlang der Enns via Steyr, Kleinreifling und Hieflau durchs untere Ennstal und Gesäuse. Es schloß daran die 67 km lange, auf schwierigen Terrain errichtete Schoberpaßstrecke. In St. Michael endet die Schoberpaßlinie, und sie verläuft dann weiter über den Neumarkter Sattel nach Villach bzw. bis zur Staatsgrenze bei Tarvis. Die Fertigstellung der Phyrnbahn, der Karawankenbahn und der Wocheinerbahn im Jahre 1906 erhöhte die Bedeutsamkeit der Schoberpaßlinie, weil auf dieser Strecke die kürzeste Verbindung von Prag zur Adria möglich war. Doch der florierende Eisenbahnver-

INFO

Selzthal ist direkt von Linz und Bischofshofen erreichbar, nach St. Michael gelangt man sowohl von Graz als auch von Knittelfeld aus, kein Halt von ECs. Kursbuchstrecke 14, **Streckenlänge:** 63 km, **Fahrzeit:** 46–60 min, **Spurweite:** 1435 mm.

Triebfahrzeuge: Die ECs sind lokbespannt mit der Reihe 1044, ICs mit Lokomotiven der Reihe 1042 / 1142 oder werden als Triebwagen der Reihe 4010 gebildet. Die Regionalzüge werden mit der Reihe 1141 bespannt.

Info: Tel. 05 / 1717 – www.oebb.at

kehr brach mit der Veränderung der Grenzen nach dem Ersten Weltkrieg zusammen. Sodann erfüllte die Strecke nur noch eine innerösterreichische Querverbindung von Linz bzw. Salzburg/Innsbruck nach Graz. Der Ölschock der siebziger Jahre und das damit verbundene Umdenken in der Verkehrspolitik führten zum Entschluß, die Schoberpaßlinie zweigleisig auszubauen. Dieser Schritt ist bis auf wenige Kilometer faktisch vollzogen.
Wir beginnen unsere Reise im Bahnknotenpunkt Selzthal und besteigen dort einen bereitstehenden IC nach Graz. Am westlichen Bahnhofsende verlassen wir das Ennstal und schwenken nach Süden ab, wo zugleich die Trasse geradeaus ins Ennstal nach Bischofshofen verläuft. Wir fahren zunächst nach Rottenmann, einer Industrie- und Bergbaustadt, und während dieser Fahrt zeigt sich in der Talenge die Burg Streckau. Wir fahren weiter in südöstliche Richtung und halten alsbald in Trieben, wo neben dem Bahnhof die Schornsteine des Triebener Magnesitwerkes in den Himmel ragen. Die Strecke, umgeben von den Eisenerzer Alpen im Norden und der Seckauer Alpen im Süden, steigt nun bis Wald am Schoberpaß, dem Scheitelpunkt, an. Dabei haben wir die Orte Gaishorn und Treglwang passiert. Gleich hinter Wald wird die Strecke wieder eingleisig, und es schließt der schönste Abschnitt an, indem wir das Örtchen Unterwald umfahren, dessen Pfarrkirche einen konischen Turm hat. Dieser Abschnitt soll in den nächsten Jahren zweigleisig bis Kalwang ausgebaut werden. Die Bahn verläuft wieder am Talboden, der überwiegend der landwirtschaftlichen Nutzung unterliegt, weiterhin in südöstliche Richtung. Wir passieren nach Kalwang noch Mautern und Seiz und erreichen dann den Endpunkt St. Michael.

BILD: MARKUS INDERST

Der Zug mit den Loks 4010.013+011 befindet sich oberhalb von Unterwald.

BILD: KARL WILDBERGER

Begegnung in Aggsbach Markt: Dampflok 52.3517 und Triebwagen 5047.007.

Donauabwärts zur berühmten Marillengegend

Von Krems nach St. Valentin

Die Wachau zählt zu den schönsten Ausflugsgegenden Österreichs. Es ist vor allem die Natur, die dieses Reiseziel so beliebt und anziehend macht. Sind es im Herbst die bunten Blätter der Rebstöcke und die Lesekarren in den Weinbergen, die die herangereiften Beeren fassen, so locken im Frühjahr die vielen Marillenplantagen mit ihren schönen Blüten. Hinzu kommt, daß die im Jahre 1909 eröffnete „Donauuferbahn" diese schöne Landschaft befährt. Egal wo man hinsieht, diese Gegend verleitet einfach zum Aussteigen, um dann anschließend eine Wanderung zu Fuß zum nächsten Bahnhof zu unternehmen.
Unsere Reise durch die Wachau beginnt in Krems an der Donau. Der Bahnhof liegt am Rande der Stadt unweit der Donau. Wir benützen einen der wenigen durchgehenden Züge nach St. Valentin. Die Strecke führt am Stadtrand in Richtung Westen und schmiegt sich alsbald an das Donauufer an. Mit etwa acht Promille Neigung führt die Strecke nach Dürnstein. Beiderseits sind die ersten Weinberge zu sehen. Dürnstein zählt wohl zu den bekanntesten Orten der

INFO

St. Valentin ist mit ICs oder Regionalzügen von Linz oder Wien erreichbar. Nach Krems an der Donau gelangt man mit den Eilzügen von Wien-FJB oder St. Pölten. Kursbuchstrecke 81, **Streckenlänge:** 120 km, **Fahrzeit:** 3 h 15 min, **Spurweite:** 1435 mm.

Triebfahrzeuge: Die durchgehenden Züge werden mit Dieselloks der Reihe 2043 bespannt. Die übrigen Zugleistungen bringen Nahverkehrstriebwagen der Reihe 5047 oder 5147.

Info: Tel. 05 / 1717 – www.oebb.at

Region. Mit seiner Silhouette – dem Stift und den aus dem 16. bis 18. Jahrhundert stammenden Bürgerhäusern – gehört Dürnstein zu den meist fotografierten Kalendermotiven. Wir fahren weiter nach Spitz an der Donau und passieren eine Vielzahl von Ruinen an den Berghängen. Von Spitz aus wird übrigens die gesamte Wachauerbahn ferngesteuert. Ab Spitz schmiegt sich der Zug eng an die Berghänge des Donautales an, und wir durchfahren auf dem Weg nach Emmersdorf an der Donau den kürzesten Eisenbahntunnel Österreichs, den Teufelsmauer-Tunnel, und passieren den Ort Willendorf, Fundort der weltbekannten Kalksteinfigur der „Venus von Willendorf".
Nach Emmersdorf erkennen wir die Donaubrücke bei Melk und dahinter ist das mächtige Benediktinerstift zu sehen. Hier endet das Weinbaugebiet ebenso wie die Wachau. Die weitere Fahrt führt uns zum bekannten Wallfahrtsort Maria Taferl, dessen Kirche sich auf einer Terrasse über uns am Berg befindet. Weiter stromaufwärts bei Persenburg passieren wir übrigens das erstgebaute und 1955 fertiggestellte Donaukraftwerk.
Wir befinden uns bereits im Strudengau. Die Strecke folgt weiter der Donau, wobei diese recht kurvenreich verläuft, und es dauert nicht lange, ehe wir in Grein-Bad Kreuzen eintreffen. Im jetzt sehr engen Donautal führt die Bahn teilweise unmittelbar neben der Straße weiter, und wir verlassen bei Dornach die Donau. Unsere Strecke nimmt nun einen sehr geraden Lauf Dabei geht es weiter über Perg und Schwertberg nach Mauthausen, das durch sein Konzentrationslager während des Zweiten Weltkrieges traurige Berühmtheit erlangte. Ab hier bestand früher eine unmittelbare Verbindung zur Summerauer Strecke, die nach Prag führt.
Unsere Reise nähert sich allmählich dem Ende. Wir überqueren die Donau und fahren nach wenigen Minuten in St. Valentin ein.

BILD: KARL WILDBERGER

Kurzer Halt des Triebwagens 5047.009-5 in Dürnstein-Oberloiben.

Sonderzug zum Jubiläum „110 Jahre Kamptalbahn" bei Stiefern am 17.07.1999.

Die Weinregion Niederösterreichs

Von Krems nach Sigmundsherberg

Die Bahnlinie durch das Kamptal (Sigmundsherberg–Horn–Hadersdorf am Kamp) entstand 1889 nach der Eröffnung der Franz-Josefs-Bahn von Wien nach Gmünd (1869/70) bzw. nach Krems (1872). Die Strecke erschließt die wellige und karge Hügellandschaft, die geradezu mit Weinbergen übersäht ist. Die Reise durch das Kamptal verläuft neben dem Fluß Kamp, der an fünf Stellen auf bis zu 65 m langen Stahlbrücken überquert werden kann. Die Bahnlinie und natürlich auch diese fünf Stahlbrücken aus der Gründerzeit – die Herzstücke dieser einstigen Lokalbahn – stehen schon seit vielen Jahren unter Denkmalschutz. Die Viadukte wurden teilweise gegen neuere ersetzt und werden als Fußgängerbrücken weiterverwendet. Die Region, die zum Weinviertel gehört, wird heute besonders von den Wienern zur Sommerfrische genützt. Zahlreiche Heurigenbetriebe laden zum Verweilen ein, denn ein Großteil der Bevölkerung lebt vom alten Handwerk des Weinbaus. Neben der Bahnlinie verläuft ein Wander- und Fahrradweg. Eine der berühmtesten Sehenswürdigkeiten des Kamptales – eine Burg – ist in Rosenburg zu sehen.

INFO

Krems an der Donau oder Hadersdorf am Kamp bzw. Sigmundsherberg sind direkt mit Eilzügen von Wien-FJB bzw. Gmünd NÖ erreichbar. Kursbuchstrecke 82, **Streckenlänge:** 55 km, **Fahrzeit:** 1 h 35 min, **Spurweite:** 1435 mm.

Triebfahrzeuge: Es verkehren nur Triebwageneinheiten der Reihe 5047.

Info: Tel. 05 / 1717 – www.oebb.at

ÖBB-Bundesbahnen Schmalspur – 760 mm

Bild: Dr. Helmut Petrovitsch

Die Schmalspurlok 1099 der ÖBB mit jaffafarbener Spantenwagengarnitur schlängelt sich auf dem Saugrabenviadukt durch eine wenig berührte Naturlandschaft.

BILD: DR. HELMUT PETROVITSCH

ÖBB-Lok 1099.14 mit Spantenwagengarnitur unterhalb von Winterbach.

Die einzig elektrifizierte ÖBB-Schmalspurbahn

Von St. Pölten nach Mariazell

Der Ort Mariazell wurde bereits 1266 erstmals erwähnt und wurde im Laufe der Jahre zum bedeutendsten Wallfahrtsort der einstigen Monarchie. Aus diesem Grund ist es nicht verwunderlich, daß bald nach Vollendung der wichtigsten Bahnstrecken die Idee entstand, auch eine Bahnlinie nach Mariazell zu bauen. Erste Pläne gab es bereits 1871, doch es sollte noch andauern, bis es mit der Realisierung der heutigen Mariazellerbahn ernst wurde. In der Zwischenzeit entstanden südlich von St. Pölten zahlreiche Normalspurlinien, die die Initiatoren der Bahn nur noch mehr beflügelten. 1894 erfolgte dann die Vergabe der Vorkonzession zum Bau der schmalspurigen Strecke St. Pölten–Obergrafendorf–Kirchberg–Laubenbachmühle. Bereits am 4. Juli 1898 war die gut 31 km lange Trasse bis Kirchberg an der Pielach befahrbar. Es folgten dann Pläne, die Strecke schrittweise bis nach Laubenbachmühle und bis nach Mariazell (bzw. Gußwerk, heute stillgelegt) zu erweitern. Diese Orte waren in den Jahren 1905 bzw. 1906 mit der Bahn erschlossen, wobei zu betonen ist, daß das letzte Stück große Herausforderungen an die Ingenieure

INFO

St. Pölten ist mit ICE, EC, IC und auch Regionalzügen aus Wien, Krems an der Donau, Linz und Leobersdorf erreichbar. Kursbuchstrecke 11b, **Streckenlänge:** 85 km, **Fahrzeit:** 2 h 30 min, **Spurweite:** 760 mm.

Triebfahrzeuge: Es sind immer noch die Loks der Reihe 1099 aus dem Jahre 1910/11 im Einsatz. Zusätzlich wurden 1994 zwei Elektrotriebwagen der Reihe 4090 beschafft.

Info: Tel. 05 / 1717 – www.mariazellerbahn.at

darstellte. Die Strecke hat heute eine Länge von 85 km und beinhaltet nicht weniger als 21 Tunnel mit 4574 m Gesamtlänge sowie zahlreiche Brücken und Viadukte, die eine Höhe von bis zu 37 m erreichen.
Die Aufnahme des elektrischen Betriebes erfolgte Ende 1911. Interessant ist noch, daß die Bahn wegen Zahlungsschwierigkeiten 1922 an die BBÖ überging. Kurios ist nur, daß der Bund die Bahnanlagen übernahm und die Fahrleitung nach wie vor beim Land Niederösterreich verblieb.
Eine Reise mit der Mariazellerbahn ist ein wahres Vergnügen. Die Bahn benötigt zwar zwei Stunden bis zum Wallfahrtsort, dafür wird dem Reisenden die Schönheit der Gegend vor Augen geführt. Unsere Reise beginnt in St. Pölten, indem wir in einen der schmalen Waggons einsteigen. Zunächst gehts nach St. Pölten-Alpenbahnhof, wo der gesamte Fuhrpark hinterstellt ist. Wir fahren weiter, zuckeln gemütlich nach Ober Grafendorf, wo sich die Strecke teilt. Wir fahren weiter südwärts und befinden uns noch im Alpenvorland. Ab Kirchberg an der Pielach wird das Gebiet schon hügeliger, und wir fahren wenige Kilometer später entlang der Felswände in Richtung Laubenbachmühle. Ab hier beginnt die Bergstrecke, und der Zug fährt in einer großen Schleife und anschließenden Serpentinen den Südhang des Turmkogels hinauf, um nach der Haltestelle Puchenstuben den 2370 m langen Gösingtunnel zu passieren. Hinterher erhascht man den ersten Blick vom Ötscher. Die Strecke verläuft weiter im Wald und erlaubt an und zu Ausblicke in die herrliche Gebirgswelt. Dabei überqueren wir bis Mariazell die vielen, gemauerten Viadukte und bei Wienerbruck umfahren wir noch in einer großen Schleife jenen Stausee, dem die Stromversorgung der Bahn zu verdanken ist. Es geht zum Schluß zielstrebig weiter und so erreichen wir bald Mariazell mit seiner Wallfahrtskirche.

BILD: MARKUS INDERST

Die 1099.013 wartet mit ihrem Zug 6862 auf die Abfahrt im Alpenbahnhof.

Mit dem Schafexpreß zum Eisenwurzen

Von Waidhofen nach Lunz

Die Ybbstalbahn besteht aus einer Tal- (Waidhofen–Lunz) und einer Bergstrecke (Lunz–Kienberg-Gaming), wobei auf letzterer nur noch ein Museumsverkehr stattfindet. Erste Pläne zum Bau der Bahn gab es schon 1870. Aber erst die Fertigstellung der KRB-Linie Amstetten–Kleinreifling sowie der Bahnen im Erlauf-, Triesting- und Gölsental beflügelten die Urheber, eine Bahn durchs obere Ybbstal zu bauen, um damit die vielverbreitete eisenverarbeitende Industrie zu forcieren.

Der erste Spatenstich erfolgte am 1. Juni 1895, und der Bau der Bahn wurde in drei Baulosen vorgenommen. Der erste Teil, Waidhofen–Großhollenstein, konnte nach 13 Monaten in Betrieb gehen und beinhaltet zahlreiche Kunstbauten, allen voran viele fischbauchfömige Stahlbrücken. Der Abschnitt Groß Hollendorf–Lunz wurde im Mai 1898 fertig. Er beinhaltet zwar keine Kunstbauten, zählt aber zu den schönsten und beeindruckensten Schmalspurbahnabschnitten, die unter schwierigsten Bedingungen errichtet wurden. Die Bergstrecke wurde im November desselben Jahres fertig und beinhaltet die zwei bekannten Trestle-work-Brücken. Auf diesem Abschnitt wurde 1988 der Betrieb eingestellt. 1899 folgte die Eröffnung der Stichbahn von Gstadt nach Ybbsitz.

Die Reise auf der Ybbstalbahn beginnt am Bahnhofsvorplatz von Waidhofen an der Ybbs. Dort befindet sich der Schmalspurbahnhof und dahinter die Zugförderungsstelle. Auf den ersten Metern begleitet uns die herrliche Silhoutte der Altstadt von Waidhofen, und wir fahren nach Überquerung des Schwarzbachviaduktes auf Gstadt zu, wo die Stichstrecke nach Ybbsitz beginnt. Die Stichbahn verläuft entlang der Kleinen Ybbs, die diese gleich zweimal kreuzt. Wir folgen der Hauptbahn und fahren in südliche Richtung, überqueren mehrmals die Ybbs und gelangen am rechten Talboden nach Opponitz. Dort schließt ein 87 m langer Tunnel an, und die Strecke verläuft inmitten des Talbodens rechts der Ybbs nach Hollenstein. Die vielen Geraden erlauben eine Höchstgeschwindigkeit von 70 km/h, und es fällt auf, daß der Zug oft vor Kurven bis auf 20 km/h herabgebremst wird. Die Strecke schmiegt sich nach Groß Hollenstein an die südlichen Berglehne und biegt in Richtung Osten ab. Ab hier verläuft die Bahn schlaufenartig entlang des steineren Flußbettes der Ybbs und strebt dem noch 30 km entfernten Ort Lunz zu. Lunz am See ist der heutige Endpunkt der Ybbstalbahn und war zugleich Beginn der Bergstrecke.

INFO

Waidhofen an der Ybbs ist mit Regionalzügen aus Amstetten oder Selzthal erreichbar. Kursbuchstrecke 13a, **Streckenlänge:** 54 km (Waidhofen–Lunz am See) und 6 km (Gstadt–Ybbsitz), **Fahrzeit:** 1 h 35 min, **Spurweite:** 760 mm.

Triebfahrzeuge: Es kommen überwiegend Triebwagen der Reihe 5090 zum Einsatz. Einige Züge sind lokgespannt mit der Reihe 2095.

Info: Tel. 05 / 1717 – www.oebb.at

Bei Mirenau überqueren die 5090.013+009 eine sogenannte Fischbauchbrücke.

Bilder: Markus Inderst (oben), Sandro Sigrist (unten)

In Waidhofen stehen vor der Werkstätte drei ÖBB-Ybbstal-Loks der Baureihe 2095.

BILD: MARTIN BIBER

Die Ybbstalbahn durchquert unterhalb Kosten eine romantische Flusslandschaft.

BILD: MARKUS INDERST

Die Loks 2091.03+07 warten mit einem Sonderzug in Gmünd auf die Abfahrt.

Mit der Schmalspurbahn auf den Semmering

Von Gmünd nach Groß Gerungs

Die bahnmäßige Erschließung des Waldviertels erfolgte 1869/70 mit der Eröffnung der Franz-Josefs-Bahn von Wien nach Gmünd. Die Trasse steigt gleich auf den ersten Kilometern in das Tal der Lainsitz ab und biegt nach Süden.

Wir fahren entlang der Lainsitz und passieren dabei Äcker und langgezogene Waldstücke. Bei Altweitra ergibt sich ein Blick auf die aus dem Jahr 1525 stammende Wallfahrtskirche von Unserfrau, die uns nach dem Bezwingen der fast 22 Promille Steigung bis vor Weitra begleitet. Unsere Reise führt uns dann in eine Hügellandschaft, so daß wir alsbald die beiden Viadukte mit dem rechts von uns befindlichen Schloßberg passieren. Nach wenigen Kilometern Fahrt befahren wir hinter Steinbach-Groß-Pertholz den Landgraben mit Steigungen bis 26 Promille. Dieser Streckenteil zählt zu den technischen Meisterleistungen. Wir überwinden dabei die mitteleuropäische Hauptwasserscheide von Donau und Elbe, die bei km 33,7 erreicht wird. Die Strecke senkt sich in das Tal der Zwettl nach Groß Gerungs hinab.

INFO

Gmünd NÖ ist direkt mit Eilzügen von Wien-Franz-Josefs-Bahnhof erreichbar. Kursbuchstrecke 84, **Streckenlänge:** 43 km nach Groß Gerungs (und 44 km nach Litschau und Alt Nagelberg), **Fahrzeit:** 1 h 20 min, **Spurweite:** 760 mm.

Triebfahrzeuge: Die Regionalzüge werden mit Triebwagen der Reihe 5090 geführt. An bestimmten Verkehrstagen kommen sogar Dampfzüge mit der Reihe 399 zum Einsatz, die auch den Nordast nach Litschau oder Alt Nagelberg befahren.

Info: Tel. 05 / 1717 – www.oebb.at

Bild: Markus Inderst

Sonderfahrt der restaurierten 2091.03 des Club 760 bei Rosenthal-Großvenediger.

Großvenediger und die Hohen Tauern

Von Zell am See nach Krimml

Die ersten Pläne zum Bau der heutigen Pinzgauer Lokalbahn gehen bereits an den Beginn des Eisenbahnwesens in Österreich zurück. Schon bald entstand der Gedanke, eine Salzburg-Tiroler Eisenbahn von Salzburg über Bischofshofen, Zell am See, Mittersill, Zell am Ziller nach Rattenberg in Normalspur zu bauen. Beide Täler, Zillertal und Salzachtal, waren breit genug und hätten somit keine nennenswerten Probleme zum Bau der Bahn mit sich gebracht. Nur das dazwischen befindliche Bergmassiv über den Gerlos erzwang eine Umplanung. Die heutige Giselabahn realisierte man schließlich über Kitzbühl nach Wörgl. Die Pläne zum Bau der Lokalbahn wurden 1896 wieder aktuell und bereits am 2. Jänner 1898 fuhr der Eröffnungszug. Die ersten Jahre waren nicht gerade erfolgreich. Zahlreiche Baumängel einerseits und die überzogenen Erwartungen andererseits brachten die Gesellschaft in große Schwierigkeiten, so daß die Bahn 1906 verstaatlicht wurde. Höhepunkte für die Pinzgaubahn stellten die Errichtung der Staustufen in der Tauernregion und auch der Zweite Welt-

INFO

Zell am See ist mit direkten IC von Innsbruck oder Salzburg erreichbar. Kursbuchstrecke 23, **Streckenlänge:** 54 km, **Fahrzeit:** 1 h 40 min, **Spurweite:** 760 mm.

Triebfahrzeuge: Die Personenzüge bis Krimml werden entweder lokbespannt mit der Reihe 2095 oder mit Triebwagen der Reihe 5090 und Anhänger bespannt. Züge bis zum Golfplatz werden ausschließlich als Solo-Triebwagen geführt.

Info: Tel. 05 / 1717 – www.oebb.at

BILD: MARKUS INDERST

Die 2095.002 fährt mit dem Zug von Krimml nach Zell am See in Mittersill ein.

krieg dar. Doch die Zeit danach brachte für die Bahn nicht unmittelbare Erfolge. Immer wiederkehrende Naturgewalten und auch der steigende Individualverkehr waren Vorzeichen von akuter Einstellungsgefahr. Markante Verbesserungen wie die Erhöhung der Haltestellenzahl und die Einrichtung des Zugleitbetriebes sollten diese Gefahr abwenden. Der Ausgangspunkt der Pinzgaubahn ist der Bahnhof Zell am See, wo sich südlich davon zwei Lokalbahngleise befinden. Die Strecke verläuft auf den ersten Kilometern südwärts und benützt bis Tischlerhäusl – Zugleitbahnhof und Zugförderungsstelle – gleichzeitig das Normalspurgleis. Danach schwenkt die Trasse nach Westen und führt mit geringer Steigung zunächst über Piesendorf nach Walchen im Pinzgau, wo dahinter erstmals das Ufer der Salzach erreicht wird. Die Trasse verläuft dann weiter in Talmitte entlang des Flusses und schlängelt sich bergwärts. Es werden dabei die Orte Niedernsill, Lengdorf und Uttendorf-Stubachtal passiert. Wir haben bis dahin die vielen Staukraftwerke und auch den Großglockner hinter uns gelassen. Unser Zug entfernt sich nun vom Flußufer und fährt am nördlichen Talboden bis nach Mittersill, Hauptort des Salzachtales und Standort einer Denkmallok beim Bahnhof. Wir stoßen wieder auf die Salzach, die uns bis Mühlbach in Pinzgau begleitet. Dort verläßt die Bahn das Ufer erneut und strebt mit vielen Windungen westwärts: Wir passieren dabei die Bahnhöfe Wenns und Bramberg, wo wir wieder ans Ufer des Flusses stoßen. Es geht nun entlang zahlreicher Haltestellen zum Bahnhof Neukirchen am Großvenediger, der südlich von uns zu sehen ist. Der vorletzte Bahnhof ist Wald im Pinzgau; hinterher schließt das steilste Streckenstück mit 24 Promille an. Wir erreichen nach einem scharfen Linksbogen den Endpunkt Krimml. Der Bahnhof Krimml befindet sich ziemlich weit vom Ort entfernt, so daß es derzeit Bestrebungen gibt, die Bahn wenigstens zum Ort, wenn möglich sogar bis zu den bekannten Krimmler Wasserfällen zu verlängern. Dies ist zwar noch Zukunftsmusik, aber es wirkt sich nur nachhaltig für den Erhalt der Bahn aus.

Abschließend sollte noch erwähnt werden, daß alle behandelten Schmalspurstrecken eine Vielzahl von schönen Fotostellen aufweisen.

BILD: MARKUS INDERST

Im Bahnhof von Mank ist soeben der Triebwagen 5090.016 eingetroffen.

Vom Pielachtal ins Erlauftal

Die Bahn über den Krumpen

Die Strecke über den Krumpen ist eine Querbindung der Orte Ober Grafendorf, gelegen an der Mariazellerbahn, und Wieselburg an der Erlauf, die dann weiter nach Gresten führt. Sie wurde im Zuge der Pielachtalbahn (St. Pölten–Kirchberg) bis Mank errichtet und am 27. Juli 1898 eröffnet. 1905 erfolgte die Verlängerung bis Rupprechtshofen, und das restliche Stück bis nach Gresten wurde mit mehreren Unterbrechungen endlich im Sommer 1927 fertiggestellt, wobei zu erwähnen ist, daß der Abschnitt Wieselburg–Gresten infolge des enormen Güterverkehrsaufkommens vor zwei Jahren umgespurt wurde. Es gab sogar in der Zwischenkriegszeit Pläne, die Krumpen mittels dritter Schiene von Wieselburg mit der Ybbstalbahn bei Kienberg-Gaming zu verbinden.
Die Strecke verläuft bis Ruprechtshofen im leicht hügeligen Gebiet, danach schließt die Bergstrecke an, wobei beabsichtigt ist, diese in den nächsten Jahren zu schließen. Das einzig täglich verkehrende Zugpaar ist ein Indiz dafür. Die Bevölkerung lebt überwiegend von der Landwirtschaft, und die Region ist dem Mostviertel zuzurechnen.

INFO

Ober Grafendorf ist mit Personenzügen der Mariazellerbahn von St. Pölten aus erreichbar. Wieselburg an der Erlauf erreicht man mit Eilzügen aus St. Pölten oder mit Personenzügen aus Pöchlarn. Kursbuchstrecke 11c, **Streckenlänge:** 39 km, **Fahrzeit:** 1 h 20 min, **Spurweite:** 760 mm.

Triebfahrzeuge: Alle Regionalzüge werden nur mehr mit Triebwagen der Reihe 5090 geführt.

Info: Tel. 05 / 1717 – www.oebb.at

Bild: Ralph Mrowietz, Edition Lan

Ein Blick aus dem letzten Wagen auf die grüne Voralpenlandschaft am Hochschneeberg.

BILD: MARKUS INDERST

Die Dampflok 999.101 bringt ihren Zug 6452 zurück ins Tal (19.10.1997).

Mit dem Feuersalamander auf den Berg

Von Puchberg auf den Hochschneeberg

Harmonisch fügt sich ihr Schienenstrang in die Landschaft und man kommt in Versuchung zu glauben, mit dem Schneeberg wurde auch seine Bahn geschaffen. Die schmalspurige Zahnradbahn in Verbindung mit dem mächtigen Massiv des Schneebergs bietet sowohl Eisenbahnfans als auch Naturliebhabern die faszinierende Kombination von Eisenbahnromantik und alpiner Bergwelt. Egal, ob die Fahrt mit dem seit 1999 verkehrenden „Feuersalamander"-Dieseltriebwagen oder mit einem der traditionellen Nostalgie-Dampfzüge mit Lokomotiven der Reihe 999.0 erfolgt, mit der Schneebergbahn erleben die Besucher eine intakte Natur und die Schönheit der Bergwelt.
Ausgehend von Puchberg am Schneeberg (577 m Seehöhe) bringt uns der Zug auf seiner 9,8 km langen Fahrt zur Bergstation Hochschneeberg. Saftige Wiesen, duftender Hochwald und alpines Gelände mit großflächigen Latschenfeldern begleiten uns während der Fahrt. Die Station Hochschneeberg ist mit 1796 m Seehöhe die höchstgelegene Bahnstation Österreichs.

INFO

Puchberg ist mit Regionalzügen von Wiener Neustadt erreichbar. Kursbuchstrecke 52c, **Streckenlänge:** 10 km, **Fahrzeit:** 45 min bzw. 1 h 30 min (Dampfzug), **Spurweite:** 1000 mm.

Triebfahrzeuge: Es verkehren seit 1999 Triebwagen mit dem Spitznamen „Feuersalamander". Hinzu kommen noch Dampfzüge, die mit der Reihe 999.0 bzw. 999.1 bespannt werden.

Info: Niederösterreichische Schneebergbahn GmbH, A-2734 Puchberg, Tel. 02636 / 3661 – www.schneebergbahn.at

BILD: MARKUS INDERST

Die 999.201 „Quaxi“ oberhalb der Schafberg-Alpe mit Zug 3722 (23.10.1997).

Hinauf zum schönsten Aussichtsgipfel

Von St. Wolfgang auf den Schafberg

Der Schafberg war schon seit jeher ein beliebter Aussichtsgipfel, weil von ihm aus die Bergwelt des Salzkammergutes, die flache Landschaft des Innviertels und auch eine Unzahl an Seen zu überschauen sind. Die Inspiration zum Bau der Schafbergbahn kam aus der Schweiz. Man überlegte sich nach der Eröffnung der Rigi-Bahn, ob man nicht auch eine reine Touristenbahn von St. Wolfgang auf den 1782 m hohen Schafberg bauen könnte. Zeitgleich gab es auch Bestrebungen, eine Zahnradbahn auf den Schneeberg zu bauen. Bereits 1872 wurde die Konzession zum Bau der Schafbergbahn erteilt, jedoch machte die Weltwirtschaftskrise von 1873 diese Bestrebungen schlagartig zunichte, und dies, obwohl ein Großteil der Grundstücke schon eingelöst waren. 1890 wurde neuerlich eine Konzession an die Bauunternehmung Stern & Hafferl vergeben, die bald darauf an die Salzkammergut-Lokalbahn (SKGLB) überging. 1892 begann man mit dem Bau und bereits nach gut 15 Monaten Bauzeit konnte die Bahn am 1. August 1893

INFO

St. Wolfgang ist nur mit Linienbussen der Post von Bad Ischl (Salzkammergutlinie) oder von Salzburg zu erreichen. Kursbuchstrecke 17c, **Streckenlänge:** 6 km **Fahrzeit:** 47 bis 60 min, **Spurweite:** 1000 mm.

Triebfahrzeuge: Der Hauptverkehr wird mit den Dampfloks der Reihe 999.2 abgewickelt. Es fahren noch die Nostalgiezüge mit der Dampflokreihe 999.1 und die Bedarfszüge mit den beiden Dieseltriebwagen 5099.

Info: ÖBB-Schafbergbahn, A-5360 St. Wolfgang, Tel. 06138 / 2232-0 – www.sanktwolfgang.at

eröffnet werden. Die Strecke ist 5842 m lang und wurde mit dem bereits verbesserten Zahnstangensystem Abt ausgestattet. Die größte Steigung liegt immerhin bei 255 Promille; der Höhenunterschied beträgt 1190 Meter.
Die ersten Betriebsjahre spiegelten die Beliebtheit der Schafbergbahn wieder, indem die Beförderungszahlen stetig zunahmen. Eine Zäsur erfolgte jedoch mit dem Ausbruch des Ersten Weltkrieges. Ab diesem Zeitpunkt war der Betrieb nur noch stark eingeschränkt möglich. Die Betriebsergebnisse glichen einer Hochschaubahn, denn die Frequenz der beförderten Personen schwankte von Jahr zu Jahr, und die Eigentümer wechselten am laufenden Bande. Eigentümer waren fort die Österreichische Bundesbahn.
Die Schafbergbahnhof St. Wolfgang befindet sich heute außerhalb des Ortes, direkt an der Landungsbrücke der Wolfgangseeschiffahrt. Die Bahn steigt bereits nach wenig Hundert Metern auf ein Vorplateau des Schafberges an und macht danach einen scharfen Linksbogen. Die Strecke steigt stetig an der Südlehne des Berges an – es ergibt sich ein erster Blick auf St. Wolfgang – bis die erste Ausweiche und Wasserstation Dorneralpe nach ca. 2,6 km erreicht ist. Die Strecke führt nun weiter bis zur Schafberg-Alpe, dem Beginn der Baumgrenze.
Danach schließt eine Kehre an, und die Strecke steigt weiter stetig an. Unter uns ist ein Blick auf die so eben verlassene Ausweiche möglich. Knapp unter dem Gipfel macht die Strecke wieder eine Kehre, diesmal im 75 m langen Tunnel, und erreicht nach wenigen Metern die neuerrichtete Gipfelstation. Ab hier bedarf es noch einiger Meter zu Fuß, um vom Berghotel die herrliche Rund-um-Sicht genießen zu können.

BILD: MARKUS INDERST

Oberhalb der Talstation St. Wolfgang fährt die 999.203 bergab (23.10.1997).

Privatbahnen

Bild: Ronald Gohl

Privatbahnromantik – noch heute werden mit der Bahn viele „Provinznester" bedient, wo die Ankunft des Zuges noch ein Ereignis ist...

BILD: MARKUS INDERST

Eine seltene Begegnung: SBB RABe 1053 trifft in Schruns auf MBS-ET10.108.

Die erste elektrisch betriebene Lokalbahn

Von Bludenz nach Schruns

INFO

Bludenz ist mit EC und IC aus der Schweiz bzw. aus Deutschland oder von Innsbruck, Salzburg oder Wien erreichbar. Kursbuchstrecke 42, **Streckenlänge:** 13 km, **Fahrzeit:** 20 bis 22 min, **Spurweite:** 1435 mm.

Triebfahrzeuge: Zwei Triebwagen von 1935 (ET 10.103 und 104), ein ex-ÖBB-Triebwagen 4130 „Transalpin" (ET 10.105), zwei moderne NPZ aus der Schweiz (ET 10.107 und 108) und zwei Lokomotiven (1045.01 und 03) sowie sonstige Dienstfahrzeuge. Die MBS erwarten zur Mitte des Jahres 2000 zwei neue Triebwagen.

Info: Montafonerbahn, A-6780 Schruns, Tel. 05556 / 72382 – www.montafonerbahn.com oder www.montafon.at

Die Montafonerbahn (MBS) führt von Bludenz in das 13 km entfernte Örtchen Schruns, und sie überwindet bei etwa 25 Promille rund 120 m Höhenmeter. Heute wird die Fahrleitung mit 15 kV/ 16,7 Hz Wechselstrom gespeist, doch bis zur Umstellung am 6. März 1972 fuhr die Bahn mit 900 V Gleichstrom. Die Reise ins Montafon beginnt im Bahnhof Bludenz, indem zunächst die Gleise der Arlbergbahn gekreuzt werden, und die Strecke verläuft sodann weiter in östliche Richtung. Zwischen Lorüns und St. Anton befindet sich das steilste Streckenstück. Nach dem Taleingang rücken die Gebirgsgruppen Rätikon im Süden und Verwall im Osten näher, und die Bahn verläuft entlang der Ill talaufwärts nach Schruns, dem Endpunkt der Linie, wo die vielen unterschiedlichen Fahrzeuge dieser erfolgreichen Bahn bewundert werden können. Ab hier bestehen Postbusverbindungen zur Bieler Höhe mit ihrem Stausee, von wo aus der Piz Buin zu sehen ist.

BILD: TIBERT KELLER

Die Überland-Straßenbahn Innsbruck–Fulpmes vor der Kulisse der Nordkette.

Von der Landeshauptstadt zum Gletscher

Von Innsbruck nach Fulpmes

Die Errichtung der Stubaitalbahn geht bereits auf das Ende des 19. Jahrhunderts zurück. Man wollte damit die örtliche Kleineisen-Industrie mit der Landesmetropole besser verbinden, wobei eindeutig der Bau einer Bahn präferiert wurde. Ing. Dr. Karl Riehl, Eisenbahnvater Tirols, zeichnete wieder für die Bauausführung verantwortlich. Die Bahn wurde bereits 1904 elektrifiziert eröffnet und verbindet die Landeshauptstadt mit dem südwestlich gelegenen Stubaital bis nach Fulpmes. Es wird dabei ein Höhenunterschied von mehr als 400 m überwunden. Die Strecke der Stubaitalbahn beginnt am Innsbrucker Hauptbahnhof, dort durchfahren die Straßenbahnfahrzeuge die Stadt bis zum Stubaitalbahnhof bei der Basilika Wilten. Weiter gehts in engen Kehrtunnels das Plateau von Natters und Mutters hinauf; gleichzeitig sind die Nordkette, das Inn- und Wipptal zu sehen. Es werden bei Raitis und Kreith die beiden Trestle-Work-Brücken übersetzt, und in Telfes wird der Scheitelpunkt erreicht. Die Strecke fällt dann bis zum Endpunkt in Fulpmes ab, wo Anschlußbusse zum Stubaitaler Gletscher warten.

INFO

Innsbruck wird mit ICE, EC und IC von der Schweiz, Deutschland und Italien bzw. von Salzburg oder Wien erreicht. Kursbuchstrecke 32, **Streckenlänge:** 21 km, **Fahrzeit:** 60 min, **Spurweite:** 1000 mm.

Triebfahrzeuge: Acht dreiteilige Straßenbahntriebwagen Nr. 81–88 und einige Nostalgietriebfahrzeuge.

Info: Stubaitalbahn GmbH, A-6010 Innsbruck, Tel. 0512 / 5307-0 – www.innsbruck.at

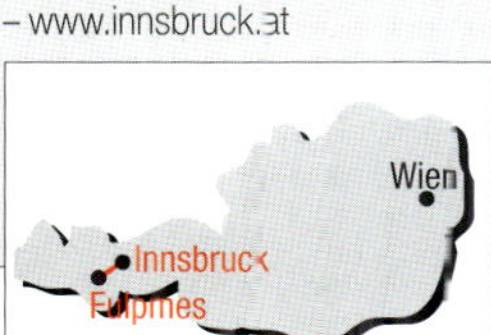

Zum größten Gletscherskigebiet der Region

Von Jenbach nach Mayrhofen

Die Zillertalbahn erschließt ein vom Inntal nach Süden verlaufendes Seitental, daß bei Straß seinen Anfang nimmt. Es wird im Norden vom Rofangebirge abgegrenzt und entlang des Tales türmen sich die fast 2000 m hohen Gipfel auf, dessen Hänge heute noch bewirtschaftet werden. Die ersten Pläne zum Bau der Zillertalbahn gab es im letzten Dezennium des 19. Jahrhunderts.
Die Zillertalbahn unterscheidet sich heute von allen anderen Schmalspurbahnen insofern, als daß sie in dicht besiedeltem Gebiet verläuft, das überwiegend vom starken Sommer- und Winterverkehr geprägt ist. Größere Industriebetriebe spielen eine eher untergeordnete Rolle. Diese wichtigen Unterschiede sind heute ausschlaggebend dafür, daß die Bahn auch weiterhin so erfolgreich agieren kann wie bisher!
Die positive Entwicklung in der Beförderung von Personen wird noch zusätzlich durch den starken Güterverkehr im Rollschemelbetrieb, überwiegend Holz aus Fügen, unterstrichen. Es wurde daher schon daran gedacht, die Strecke der Zillertalbahn von Jenbach bis nach Fügen-Hart sowohl im Schmalspurbetrieb als auch im Normalspurbetrieb zu betreiben. Die Finanzierung für die Zulegung der dritten Schiene hätte von der Europäischen Union kommen sollen. Die Pläne liegen leider zur Zeit auf Eis.
Eine Reise ins Zillertal beginnt in Jenbach, wo südlich vom ÖBB-Bahnhof das Betriebsareal mit Werkstätten, Abstellhallen usw. der Zillertalbahn angeordnet ist. Meistens steht schon ein Triebwagen bereit, und die Züge verkehren im Stundentakt nach Mayrhofen.
Wir verlassen nun Jenbach, überqueren bei Rotholz den Inn und fahren weiter nach Straß. Hier wendet sich die Trasse nach Süden und wir gelangen weiter nach Fügen-Hart, wo ein Sägewerk der Bahn viel Fracht beschert. Die Strecke verläuft weiter südwärts, entlang der vielen ausgebildeten Schwemmkegel, und nähert sich bei Uderns kurz dem linken Zillerufer. Nach Kaltenbach fahren wir eine längere Strecke entlang der Ziller, lassen Aschau hinter uns und überqueren zwischen Erlach und Zell am Ziller den gleichnamigen Fluß, wo flußaufwärts der Zemmbach in die Gerlos mündet.
Unser Zug fährt nun entlang des Zemmbach nach Hippach und Bühel, früher Ausgangspunkt einer Anschlußbahn zum Magnesitwerk, und strebt auf den letzten Kilometern dem Hauptort Mayrhofen zu. Das Zillertaler Gletschergebiet mit den felsigen und eisbehangenen Dreitausendern schließt südlich von Mayrhofen an und ist vom Ort aus zu sehen. Von Mayrhofen aus gelangt man mit dem Bus weiter bis Hintertux.

INFO

Jenbach wird mit EC, IC und Regionalzügen von Innsbruck oder von Salzburg erreicht. Kursbuchstrecke 31, **Streckenlänge:** 32 km, **Fahrzeit:** 55 min, **Spurweite:** 760 mm.

Triebfahrzeuge: Sechs dreiteilige Dieseltriebwagen VT 3-8 aus den Jahren 1984 bis 1998. Fünf Dampfloks und sechs Dieselloks.

Info: Zillertaler Verkehrsbetriebe AG, A-6200 Jenbach, Tel. 05244 / 606-0 – www.zillertalbahn.at

Alltagsbetrieb bei der Zillertalbahn: Dieselbetriebener Triebwagenzug bei Straß.

Nicht alltägliche Doppeltraktion mit Lok 2 im Vordergrund; gesehen in Mayrhofen.

BILDER: DR. HELMUT PETROVITSCH (OBEN), VALLY GOHL (UNTEN)

BILD: DR. HELMUT PETROVITSCH

Ein Zug der Achenseebahn fährt auf dem Zahnstangenabschnitt nach Eben.

Schmalspurig zum Alpenfjörd Tirols

Von Jenbach nach Achensee

Die Achenseebahn ist heute die älteste betriebsfähige Zahnradbahn Österreichs, deren Entstehung auf Freiherr von Dreyfus und den Abt des Fiechter Benediktinerklosters zurückgehen.

Der Achenseebahnhof liegt am östlichen Bahnhofsende von Jenbach, dem einzigen ÖBB-Bahnhof mit drei verschiedenen Spurweiten. Es schließen hier die beiden Bahnsteiggeleise und die Remise an. Dahinter beginnt die Zahnstangenstrecke nach Bauart Riggenbach.

Nach der Abfahrt rattert der Zug am Ort Jenbach vorbei. Über die Station Burgeck wird Eben, Endstelle des Zahnstangenbetriebes, erreicht, nachdem ein Höhenunterschied von 440 m überwunden wurde. Diese Fahrt bietet einen besonderen Genuß, einerseits sind die harten Auspuffschläge der kleinen Lok zu hören und andererseits kann ein Ausblick auf das zurückliegende Ziller- und Inntal sowie die umliegende Bergwelt genossen werden. Ab Eben führt die Strecke im leichten Gefälle zur Endstation am Achensee, wo sich die Landebrücke der Achenseeschiffahrt befindet.

INFO

Jenbach wird mit EC, IC und Regionalzügen von Innsbruck oder von Salzburg erreicht. Kursbuchstrecke 31a, **Streckenlänge:** 7 km, davon 3,6 km mit Riggenbach-Zahnstange, **Fahrzeit:** 45 min, **Spurweite:** 1000 mm.

Triebfahrzeuge: Drei Dampfloks Nrn. 1–3 aus dem Gründungsjahr 1884; eine Diesellok Nr. DL1 aus dem Jahr 1947 und sechs Personenwagen.

Info: Betriebsleitung der Achenseebahn, A-6200 Jenbach, Tel. 05244 / 62243 – www.achenseebahn.at

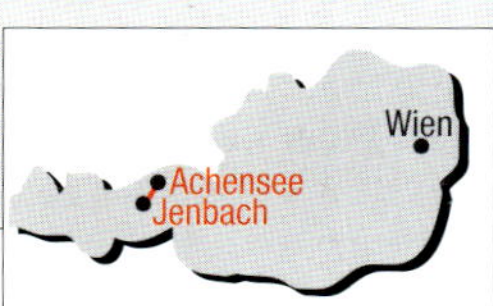

BILD: DR. HELMUT PETROVITSCH

Kohlenzug der Salzburger Verkehrsbetriebe mit drei Lokomotiven bei Bergheim.

Moderne Stadtbahn mit nostalgischen Zügen

Von Salzburg nach Lamprechtshausen

INFO

Salzburg ist ein wichtiger Verkehrsknoten, der von München, Innsbruck und Wien mit EC- und IC-Zügen erreicht wird. Kursbuchstrecke 21, **Streckenlänge:** 25 km, **Fahrzeit:** 35 min, **Spurweite:** 1435 mm. **Besonderes:** Von Ende Mai bis Ende September gibt es samstags ein Nostalgie-Zugpaar (Baujahre: 1907 bis 1911). Fahren als Amateur-Lokführer in einem Oldtimer-Triebwagen sind an Werktagen nach Voranmeldung möglich.

Triebfahrzeuge: sechs E-Loks und 22 Triebwagen.

Info: Salzburger Stadtwerke AG, Verkehrsbetriebe-Lokalbahn, Plainstrasse 70, A-5020 Salzburg, Tel. 0662 / 4480-6120 – www.stadt-salzburg.at

1886 nahm die Salzburger Lokalbahn ihren Betrieb auf und verkehrte bis 1909 mit Dampftraktion. Die Elektrifizierung wurde schon früh nötig, um die Erfordernisse eines Verkehrsmittels in einem städtischen Ballungszentrum zu erfüllen. Anfangs des 20. Jahrhunderts dehnte sich das Streckennetz von Lamprechtshausen an der Grenze zu Oberösterreich bis zum bayrischen Königssee aus, doch von 1938 bis 1953 reduzierten sich die Linien aufgrund der politischen Wirren wieder. Schließlich blieb die Strecke Salzburg–Lamprechtshausen übrig, die man zu einer modernen Regionalbahn ausbaute. 1994 wurde die Strecke Bürmoos–Trimmelkam erworben, und seit 1996 verkehren die Triebwagen bis zum Hauptbahnhof, womit eine Verknüpfung der Verkehrssysteme geschaffen wurde. Als Attraktion verkehrt im Sommer die historische Stierlingwaldbahn, eine Feldbahn mit 600 mm Spurweite, an der Lokalbahnhaltestelle Irlach.

BILD: SANDRO SIGRIST

Die VA-Lokalbahn bietet dem Bahnfreund einen interessanten Fahrzeugpark.

Landschaftsidylle abseits der großen Strecken

Von Vöcklamarkt nach Attersee

INFO

Auf der ÖBB-Westbahn erreicht der Reisende von Linz oder Salzburg aus mit Eil- oder Regionalzug die Ausgangsstation Vöcklamarkt. Gleich gegenüber des ÖBB-Bahnhofes steht das kleine Stationsgebäude der Lokalbahn Vöcklamarkt–Attersee. Kursbuchstrecke 18, **Streckenlänge:** 14 km, **Fahrzeit:** 30 min, Spurweite: 1000 mm. **Besonderes:** Die Bahn bietet Hobbylokführerkurse an.

Triebfahrzeuge: Es verkehren vorwiegend Occasionstriebwagen, die in der Schweiz bei Privatbahnen (AOMC und BLT) im Einsatz standen.

Info: Stern & Hafferl, Kuferzeile 32, A-4810 Gmunden, Tel. 07612 / 795 200 – www.stern-verkehr.at

Für den Eisenbahnkenner ist der Name Stern & Hafferl keinesfalls fremd. Diese Gesellschaft betreibt heute noch sechs verschiedene Bahnlinien, zu denen auch die hier beschriebene Lokalbahn Vöcklamarkt–Attersee (VA) gehört.
Der Triebwagen verläßt den Lokalbahnhof von Vöcklamarkt in westlicher Richtung und begibt sich auf seine halbstündige Reise durch eine traumhaft schöne Landschaft. Die kleinen Haltestellen unterwegs liegen meist abseits der dazugehörigen Dörfer. In Walchen gibt es ein Kinderweltmuseum. St. Georgen im Attergau gilt als wichtigster Bahnhof der Strecke und besitzt deshalb eine größere Gleisanlage als die übrigen Kreuzungsstellen. Nach einem kurzen Aufstieg zur Haltestelle Thern beginnt der Abstieg zur Endstation Attersee. Hier befinden sich die Depot- und Werkstättenanlagen der VA-Lokalbahn. Für eine Rundfahrt auf dem gleichnamigen See erreicht der Reisende in nur fünf Minuten zu Fuß die Schiffsanlegestelle.

BILD: SANDRO SIGRIST

Ehemaliger Schweizer-Triebwagen in der Endstation Vorchdorf-Eggenberg.

Stationsname nach Landbesitzer benannt

Von Gmunden nach Vorchdorf

INFO

Die Anreise per Bahn erfolgt von Linz oder Salzburg nach Attnang-Puchheim und von dort nach Gmunden (ÖBB). Hier hat man Gelegenheit, in die Straßenbahn zum Franz-Josefs-Platz (Endstation) umzusteigen. Weiter geht es ca. zehn Minuten zu Fuß über die Traunbrücke zum Gmundner-Seebahnhof. Kursbuchstrecke 16b, **Streckenlänge:** 15 km, Fahrzeit: 30 min, **Spurweite:** 1000 mm. **Besonderes:** Auch auf dieser Bahn finden Hobbylokführerkurse statt.

Triebfahrzeuge: Es verkehren Occasionstriebwagen von Schweizer Privatbahnen.

Info: Stern & Hafferl, Kuferzeile 32, A-4810 Gmunden, Tel. 07612 / 795 200 – www.stern-verkehr.at

Die Lokalbahn Gmunden–Vorchdorf (GV) beginnt seit 1990 in Gmunden-Seebahnhof. Bis zum Bahnhof Engelhof liegt wegen des Gemeinschaftsbetriebes mit den ÖBB ein Dreischienengleis. Von hier aus befährt die GV ihre eigene Trasse und bedient dabei ausschließlich ländliche Gegenden. Neigungen von bis zu 40 ‰ kommen hier vor.

Kurios ist die Tatsache, daß die Haltestelle Karl z'Neuhub ihren Namen dem ehemaligen Landbesitzer verdankt. Karl z'Neuhub war nur gewillt, sein Land abzutreten, wenn die Haltestelle nach seinem Namen benannt würde.

In der Endstation Vorchdorf-Eggenberg gibt es eine großzügig ausgebaute Gleisanlage, die sich Schmal- und Normalspurbahn (Lambach–Vorchdorf) teilen.

Die GV wird praktisch ausschließlich von Occasionstriebwagen aus der Schweiz befahren, die zuvor bei den Privatbahnen WSB (Wynental- und Suhrentalbahn) sowie TB (Trogenerbahn) im Einsatz standen.

Die Gmundner Lokalbahn in der steigungsreichen wie auch engen Kuferzeile.

Kleinster Straßenbahnbetrieb Österreichs

Vom ÖBB-Bahnhof zum Franz-Josefs-Platz

INFO

Mit den ÖBB erreicht man von Salzburg oder Linz über die Westbahnlinie den Bahnhof Attnang-Puchheim, von wo aus mit dem Regionalzug in Richtung Bad Ischl weitergefahren wird. Gmunden ist der vierte Bahnhof ab Attnang-Puchheim. Kein Eintrag im Kursbuch, **Streckenlänge:** 2,2 km, **Fahrzeit:** 10 min, **Spurweite:** 1000 mm.

Triebfahrzeuge: Es stehen dem Unternehmen drei vierachsige Triebwagen sowie ein Zweiachsmotorwagen zur Verfügung. Im Sommer verkehrt zudem noch ein offener Zweiachstriebwagen der Pöstlingbergbahn.

Info: Stern & Hafferl, Kuferzeile 32, A-4810 Gmunden, Tel. 07612 / 795 200 – www.stern-verkehr.at

Dieser kleinste, aber dennoch interessante Straßenbahnbetrieb Österreichs gehört ebenfalls zur Gruppe Stern & Hafferl. Als Alternative zu einem etwa 30-minütigen Fußmarsch führt das Tram vom Gmundner ÖBB-Bahnhof in den Ortskern, oder genauer gesagt zum Franz-Josefs-Platz. Auf der nur 2,2 km langen Strecke befährt die Straßenbahn Neigungen von bis zu 100 ‰ und kommt bei der Haltestelle Tennisplatz an der einzigen Ausweiche vorbei. Sie erlaubt während der Spitzenzeiten den Einsatz von zwei Motorwagen, während sonst ein einziger genügt. Als interessanter Streckenteil sei noch die enge Kuferzeile genannt, wo es manchmal zu prekären Situationen zwischen dem Tram und den Autos kommt! In jüngster Zeit überlegen die Betreiber, ob die Straßenbahn vom Franz-Josefs-Platz über die Traunbrücke zum Gmundner Seebahnhof verlängert werden soll, wo ein Anschluß an die Lokalbahn Gmunden–Vorchdorf bestünde.

BILD: SAMMLUNG SANDRO SIGRIST

Einzigartiger Betrieb mit Gleichrichterwagen im Bahnhof Lambach.

Haager-Lies

Von Lambach nach Haag am Hausruck

INFO

Von Salzburg oder Linz erreicht man mit der ÖBB die Station Lambach. Kursbuchstrecke 16c, **Streckenlänge:** 27 km, **Fahrzeit:** 43 min, **Spurweite:** 1435 mm.

Triebfahrzeuge: Hier verkehren meist zwei moderne Zweistromtriebwagen und Güterzugtriebfahrzeuge. Einzigartig ist jedoch der Gleichrichterwagenbetrieb. Dabei fährt die Lokalbahnlok mit gesenktem Stromabnehmer auf der ÖBB-Strecke, während der motorisierte Gleichrichterwagen für diese gut vier Kilometer lange Strecke die Zugförderung übernimmt!

Info: Stern & Hafferl, Kuferzeile 32, A-4810 Gmunden, Tel. 07612 / 795 200 – www.stern-verkehr.at

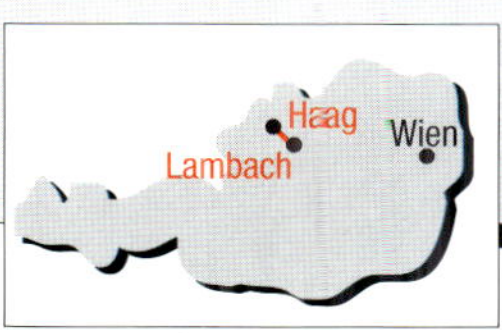

Die Züge der Lokalbahn Lambach–Haag am Hausruck (LH) – im Volksmund auch „Haager-Lies" genannt – verlassen den Bahnhof Lambach in Richtung Westen und benützen bis Neukirchen bei Lambach die Trasse der ÖBB-Westbahn. Aus diesem Grund verkehren auf der „Haager-Lies" Zweistromtriebwagen (bei älteren Triebfahrzeugen zusätzlich ein Gleichrichterwagen). In Neukirchen, wo sich auch die Trennung zwischen Wechsel- und Gleichstrom befindet, zweigt die Lokalbahn rechts ab. Mit einigen gegenläufigen Steigungs- und Gefälle-Abschnitten durchfährt der Zug bis zum Endbahnhof Haag am Hausruck ein rein landwirtschaftlich genutztes Hügelland. Es gibt einige durchgehende Züge von Haag bis Wels, wobei hierfür die zwei modernen Triebwagen zum Einsatz kommen. Sie können auf der ÖBB-Westbahn mit bis zu 120 km/h verkehren. Der erwähnte Gleichrichterwagenbetrieb kann mit etwas Glück noch beobachtet werden.

BILD: SANDRO SIGRIST

Ehemaliger Extertalbahn-Triebwagen im Bahnhof Lambach.

Anschluß zur Traunseebahn

Von Lambach nach Vorchdorf

INFO

Die Anreise nach Lambach erfolgt von Salzburg oder Linz über die ÖBB-Westbahnlinie. Kursbuchstrecke 16a, **Streckenlänge:** 15 km, **Fahrzeit:** 25 min, **Spurweite:** 1435 mm. **Besonderes:** Weiterfahrt mit der schmalspurigen GV-Lokalbahn nach Gmunden.

Triebfahrzeuge: Als Traktionsmittel stehen dem Unternehmen zwei vierachsige Triebwagen zur Verfügung, früher bei der Extertalbahn im Einsatz. Des weiteren findet der interressierte Bahnfreund noch einige ältere Zweiachsmotorwagen sowie eine Güterzuglok im Fahrzeugbestand vor.

Info: Stern & Hafferl, Kuferzeile 32, A-4810 Gmunden, Tel. 07612 / 795 200 – www.stern-verkehr.at

Eigentlich ist die fünfte Stern & Hafferl-Bahn, die normalspurige Lokalbahn Lambach–Vorchdorf (LV), nichts anderes, als die Fortsetzung der schmalspurigen Lokalbahn Gmunden–Vorchdorf, auch Traunseebahn genannt. Von Lambach aus könnte die LV als Fortsetzung der „Haager-Lies“ angesehen werden. Die LV-Strecke weist einige interessante Brücken auf, wovon diejenige über die Traun (zwischen Lambach und Stadl-Paura) mit einer Spannweite von 83 m die größte darstellt.
Die idyllische Fahrt von Lambach über Vorchdorf nach Gmunden ist sehr empfehlenswert. Doch sollte man vorher den Fahrplan genau studieren, weil die Züge der LV und GV voll und ganz auf den Berufsverkehr abgestimmt sind. Aus diesem Grund haben sie in Vorchdorf nicht immer aufeinander Anschluß.
Für den Eisenbahnfan ein kleiner Tip: Der Besuch der Hauptwerkstätte der Stern & Hafferl-Bahnen in Vorchdorf lohnt sich auf jeden Fall.

BILD: SANDRO SIGRIST

Idyllisch, aber dennoch inmitten von Linz liegt der LILO-Bahnhof.

Des Linzers Lokalbahn

Von Linz nach Peuerbach

Der Linzer-Lokalbahnhof liegt versteckt, aber dennoch nicht weit vom Hauptbahnhof entfernt. Der Reisende findet einen älteren, etwas verträumten LILO-Bahnhof vor. Auf dem Bahnsteig wird man dann aber von einem fabrikneuen Niederflurtriebwagen überrascht. Schon wenige Minuten nach der Abfahrt hat der Zug die Hauptstadt Oberösterreichs hinter sich gelassen und strebt einer ländlichen Umgebung zu. In Eferding besteht die Möglichkeit, mit den Bundesbahnen über Wels nach Linz zurückzufahren, was eine gemütliche Nachmittagsrundfahrt ergibt. Die LILO (Linzer Lokalbahn) verkehrt weiter bis Waizenkirchen, wo eigentlich das Hoheitsgebiet der Lokalbahn Neumarkt–Waizenkirchen–Peuerbach (NWP) beginnt. Meistens fahren aber die LILO-Züge über Waizenkirchen sowie Niederspaching hinaus und bedienen auch Peuerbach. Auf dem anderen Ast von Niederspaching nach Neumarkt-Kallham verkehrt jeweils lediglich ein allein fahrender Triebwagen. Am Ziel angekommen, besteht die Möglichkeit, über Wels nach Linz zurückzukehren.

INFO

Der Linzer-Lokalbahnhof liegt etwa fünf Gehminuten von ÖBB-Hauptbahnhof entfernt. Kursbuchstrecke 14c, **Streckenlänge:** 49 km, **Fahrzeit:** 1 h 30 min, **Spurweite:** 1435 mm.

Triebfahrzeuge: Es verkehren meist moderne in der Schweiz gebaute Niederflurgelenktriebwagen des Typs GTW 2/6 sowie ältere ehemalige Kölner-Doppeltriebwagen.

Info: Stern & Hafferl, Kuferzeile 32, A-4810 Gmunden, Tel. 07612 / 795 200 – www.stern-verkehr.at

BILD: SANDRO SIGRIST

Mit Neigungen von 105 ‰ ist die Pöstlingbergbahn die steilste Tram Europas!

Rekordhalterin im Klettern

Von Linz auf den Pöstlingberg

INFO

Vom Linzer Hauptbahnhof fährt man mit der Straßenbahn (Linie 3) bis zur Endstation Urfahr. Kein Eintrag im Kursbuch, **Streckenlänge:** 2,9 km, **Fahrzeit:** 16 min, **Spurweite:** 1000 mm. **Besonderes:** Steigung (ohne Zahnrad) von 105 ‰! Fähnchen, die auf dem Dach der Motorwagen montiert sind geben über die Fahrzeitintervalle Auskunft. Rot bedeutet 20- Minuten-Takt, weiß 10-Minuten-Takt.

Triebfahrzeuge: Die geschlossenen Zweiachsmotorwagen werden im Sommer durch Fahrzeuge in offener Bauart ergänzt.

Info: ESG-Verkehr, Fichtenstrasse 7, A-4021 Linz, Tel. 0732 / 7301-7400, – www.esglinz.co.at.

Gleich gegenüber der Straßenbahnendstation steht ein schmuckes Aufnahmegebäude, welches die ebenso schmucken zweiachsigen Motorwagen der Pöstlingbergbahn aufnimmt.
Fast durchwegs mit der Maximalsteigung von 105 ‰ klettert der Triebwagen gemächlich empor und gestattet schon bald einen ersten Ausblick auf die unten zurückbleibenden Häuser von Linz, dem Hauptort Oberösterreichs.
Auf dem Pöstlingberg angekommen kann der Besucher mit einer Grottenbahn, dem sogenannten Drachenzug, das Zwergenreich bewundern und anschließend zu Fuß in der Stadt der vielfältigen Märchenwelt verweilen. Die Kathedrale ist ebenso sehenswert wie der Ausblick auf die Dächer von Linz.
Für den Eisenbahnfreund ist die Pöstlingbergbahn ganz einfach ein Muß, denn hier gibt es viele kleine Spezialitäten zu bestaunen. Im Sommer verkehren sogar offene Triebwagen aus dem Jahre 1898!

Bild: Dr. Helmut Petrovitsch

Die Höhenbahn (600 mm Spurweite) mit Feldbahnlok zwischen zwei Steuerwagen.

Die jüngste Schmalspurbahn Österreichs

Vom Schoberboden zum Seenplateau

Die Höhenbahn Reißeck ist die jüngst gebaute und noch einzige in Betrieb befindliche Schmalspurbahn im Bundesland Kärnten. Die Höhenbahn ist gerade wegen ihrer einzigartigen Spurweite von 600 mm bekannt geworden, die erst im September 1965 die Konzession zum Transport von Personen erhielt. Sie wurde ursprünglich zum Bau der Stauwerke auf dem Seenplateau auf über 2200 m Seehöhe errichtet und diente vorerst nur zum Transport von Baumaterial. Da die Bahn aber weiterhin für Versorgungstransporte benötigt wird, beschloß man, sie auch für den Tourismusverkehr zu öffnen. Die Bahn beginnt unmittelbar an der Bergstation der Standseilbahn Reißeck. Hier besteigen wir den dreiteiligen Wendezug. Der Lokführer sitzt in einem der beiden Steuerwagen, während die Leistungsabgabe in der dazwischen befindlichen Lok erfolgt.
Die Bahn gelangt nach etwa 650 m freier Strecke in den 2142 m langen Hauptstollen, wo auch die Druckrohrleitung verlegt ist. Eine Betriebsausweiche befindet sich in der Stollenmitte. Wenige Meter hinter dem Stollen endet die Bahn beim Sporthotel Reißeck.

INFO

Schoberboden wird mit der Reißeck-Standseilbahn von Kolbnitz erreicht. Kolbnitz wird mit Personenzüge der ÖBB von Schwarzach-St. Veit und Villach bedient. Kein Eintrag im Kursbuch, **Streckenlänge:** 3,4 km, **Fahrzeit:** 20 min, **Spurweite:** 600 mm.

Triebfahrzeuge: Es wird seit 1980 eine Wendezuggarnitur eingesetzt, wobei die Lok von zwei Steuerwagen „eingewickelt" ist.

Info: Reißeck-Bahn Betriebsleitung, A-9815 Kolbnitz, Tel. 04783/2410 – www.reisseck.at

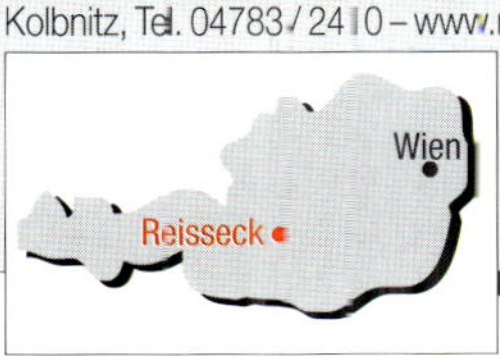

BILD: MARKUS INDERST

In Neusiedl am See wartet der 5046.01 der GySEV auf den ÖBB-Anschlußzug.

Das „Loch im Eisernen Vorhang"

Von Neusiedl nach Fertöszentmiklós

INFO

Von der internationalen Linie Wien–Györ (Kursbuchstrecke 7) zweigt die Strecke Parndorf–Neusiedl a. S.–Eisenstadt (Kursbuchstrecke 73) ab. Neusiedl ist dann der Ausgangspunkt für die Neusiedler Seebahn. Kursbuchstrecke 73a, **Streckenlänge:** 50 km, **Fahrzeit:** 1 h 18 min, **Spurweite:** 1435 mm. **Besonderes:** Für kleinere Gruppen gibt es den Salontriebwagen Ba 702.

Triebfahrzeuge: 15 E-Loks V 43, 14 dieselelektrische Loks M 44, eine Diesel-Klein-Lok, sechs Dieseltriebwagen.

Info: Öster. Betriebsleitung der Raab–Oedenburg–Ebenfurther Eisenbahn AG, Bahnhofplatz 5, A-7041 Wulkaprodersdorf, Tel. 02687/ 62224 – www.raaberbahn.com

Die Neusiedler Seebahn besteht seit 1897, zweigt in Neusiedl a.S. von der Linie Parndorf–Eisenstadt–Wulkaprodersdorf ab und erschließt die weitläufige Landschaft des sogenannten „Seewinkels" an der österreichisch-ungarischen Grenze. Der Endpunkt der 58 km langen Regionalbahn befindet sich im ungarischen Fertöszentmiklós. Die einmalige Landschaft mit dem grenzüberschreitenden Nationalpark Neusiedlersee – Seewinkel ist ein bevorzugtes Ausflugsziel, zumal mehrmals täglich durchgehende Züge bis Wien Südbahnhof verkehren. Betrieben wird die Strecke, auf der gelb-grüne Dieseltriebwagen verkehren, von der Raab-Oedenburg-Ebenfurther Eisenbahn, die besser unter ihrer ungarischen Abkürzung GySEV bekannt ist. Diese ungarische Privatbahn mit österreichischer Beteiligung stellte auch zu Zeiten des „Kalten Krieges" ein wichtiges Bindeglied zwischen den beiden Staaten dar und wurde als „Loch im Eisernen Vorhang" bezeichnet.

BILD: ERNST KABELKA

Lok 93.1422 auf der nicht mehr befahrenen Zweigstrecke nach Oberschützen.

Die Anschlußbahn eines Autobusunternehmers

Von Oberwart nach Rechnitz

Die Strecken Oberwart–Oberschützen und Oberwart–Rechnitz gehörten zunächst zum ungarischen Teil der österreichisch-ungarischen Doppelmonarchie. Sie wurden anfangs von privaten Lokalbahnen betrieben und später von den Ungarischen Staatsbahnen übernommen. Nach dem Ersten Weltkrieg kam Westungarn zu Österreich, und die Strecken überschritten die neue Staatsgrenze, hatten aber keinen Anschluß an das BBÖ-Netz, der erst 1925 durch die Linie Wiener Neustadt– Fehring hergestellt werden konnte. Im Sommer 1988 stellten die ÖBB den Betrieb ein, doch am 1. Januar 1989 übernahm das Autousunternehmen Schuch die Bahnen. Ab März des gleichen Jahres fuhren wieder Züge, wobei es sich jetzt um eine Anschlußbahn mit beschränkt öffentlichem Personenverkehr handelte. An Wochenenden und Feiertagen verkehrt nachmittags ein Zugpaar von Oberwart nach Rechnitz, das im Mai und Juni samstags mit Dieselloks geführt wird. Im Sommer gibt es Dampfzüge mit der Lok 93.1422.

INFO

Oberwart, der Ausgangspunkt der Südburgenländischen Regionalbahn, kann von Wiener Neustadt aus über Friedberg erreicht werden (Kursbuchstrecke 52). Die Südburgenländische ist nicht im Kursbuch eingetragen – es besteht ein beschränkter Verkehr an Wochenenden und Feiertagen.

Triebfahrzeuge: Der Fahrzeugpark umfaßt drei Dieselloks, einen Triebwagen der Baureihe 5081 sowie eine Dampflok 93.1422.

Info: Reisebüro Schuch A-7503 Großpetersdorf, Tel. 03362 / 25 91-0

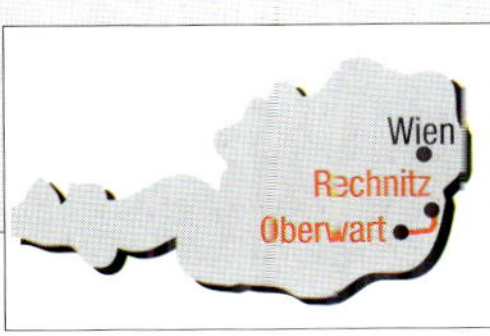

BILD: MARKUS INDERST

Im Bahnhof Neufeld fährt die GySEV-Lok V43.330 in Richtung Ebenfurth an.

Eine moderne grenzüberschreitende Privatbahn

Von Györ nach Ebenfurth

INFO

Die Linie Györ–Sopron–Ebenfurth ist die zweite wichtige Verbindung zwischen Ungarn und Österreich, die sich südlich des Neusiedler Sees befindet. Kursbuchstrecke 52f, **Streckenlänge:** 126 km, **Fahrzeit:** 1 h 34 min (umsteigen in Sopron), **Spurweite**: 1435 mm.

Triebfahrzeuge: Für den Planbetrieb stehen 15 E-Loks V 43, 14 diesel-elektrische Loks M 44, eine Diesel-Klein-Lok, sechs Dieseltriebwagen zur Verfügung. Es gibt auch einen Oldtimer-Diesel-Salonwagen mit der Typenbezeichnung Ba Nr. 702.

Info: Öster. Betriebsleitung der Raab–Oedenburg–Ebenfurther Eisenbahn AG, Bahnhofplatz 5, A-7041 Wulkaprodersdorf,
Tel. 02687/ 62224 – www.raaberbahn.com

Die Raab-Oedenburg-Ebenfurther Eisenbahn, deren Kürzel „GySEV" sich aus der ungarischen Bezeichnung der entsprechenden Orte ergibt, betreibt zwei Eisenbahnlinien: Seit mehr als 120 Jahren die 126 km lange, mittlerweile elektrifizierte Hauptbahn Györ–Sopron–Ebenfurth und seit mehr als 100 Jahren die 58 km lange Nebenlinie Fertöszentmiklós–Neusiedl a.S., auf der noch Dieselbetrieb herrscht. Über beide Strecken, auf denen ÖBB- und GySEV-Fahrzeuge wechselweise zum Einsatz kommen, verkehren direkte Züge bis Wien, und die Hauptstrecke besitzt eine ständig steigende Bedeutung für den Güterverkehr. Obwohl es sich um eine Privatbahn nach ungarischem Recht handelt, wurde sie auch zu Zeiten des Sozialismus mit Rücksicht auf die österreichischen Eigner nicht verstaatlicht und hatte stets eine Sonderstellung, die eine zusätzliche Anziehungskraft auf die Eisenbahn-Interessierten ausmachte. Die Fahrzeugpark ist modernisiert.

BILD: SANDRO SIGRIST

Ehemaliger Sihltalbahn-Pendelzug bei der Einfahrt in die Endstation Übelbach.

Zwei Zürcher in der Steiermark

Von Peggau nach Übelbach

INFO

Von Graz oder Bruck an der Mur erreicht der Reisende mit dem Regionalzug die Station Peggau-Deutschfeistritz. Kursbuchstrecke 54, **Streckenlänge:** 11 km, **Fahrzeit:** 22 min, **Spurweite:** 1435 mm.

Triebfahrzeuge: Als Traktionsmittel kommen ausschließlich zwei von der Sihltal–Zürich–Uetliberg-Bahn (SZU) übernommene Pendelzüge zum Einsatz. Während der eine Zug bereits die einheimischen StLB-Farben rot/weiß/grün trägt, ist der andere immer noch in den alten SZU-Farben unterwegs. Diese Komposition trägt sogar noch das Wappen von Zürich.

Info: Steiermärkische Landesbahnen (StLB), Radetzkystr. 31, A-8010-Graz, Tel. 0316 / 812-5810 – www.stlb.co.at

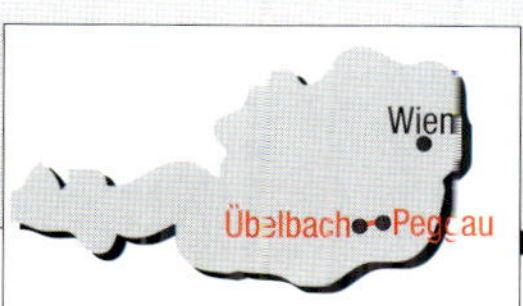

Um zur Abfahrtsstelle der Lokalbahn Peggau–Übelbach zu gelangen, muß man praktisch sämtliche ÖBB-Geleise des Bahnhofs Peggau überqueren. Bei Nichtbeachten des Zugverkehrs ein nicht ganz ungefährliches Unterfangen! Die Lokalbahn verläßt den besagten Bahnhof in südlicher Richtung und überquert wenig später den Fluß Mur. Kurz darauf erreicht der Pendelzug auch schon die Haltestelle Deutschfeistritz. In gemächlichem Tempo geht die Reise weiter durch eine idyllische Landschaft. Feldern und Wäldern wechseln einander ab. Es geht weiter talwärts über Guggenbach bis zur Endstation Übelbach. Hier befinden sich auch die bescheidenen Depot- und Werkstätteanlagen dieser StLB-Strecke.

Doch Vorsicht: Wer mit der Lokalbahn Peggau–Übelbach fahren möchte, kreuzt sich dafür im Kalender einen Werktag an. Am Samstagnachmittag und den ganzen Sonntag über verkehren lediglich einige wenige Buskurse!

BILD: SANDRO SIGRIST

Zwei Triebwagen der Reihe 5047 (StLB und ÖBB) im Bahnhof Gleisdorf.

Mit Diesel durchs Industriegebiet

Von Gleisdorf nach Weiz

INFO

Gleisdorf wird von Graz oder Feldbach aus mit dem ÖBB-Regionalzug erreicht. Man kann jedoch auch mit dem Bus direkt von Graz nach Weiz fahren. Kursbuchstrecke 52b, **Streckenlänge:** 15 km, **Fahrzeit:** 22 min, **Spurweite:** 1435 mm.

Triebfahrzeuge: Zwei Dieseltriebwagen der Reihe 5047, die mit denjenigen der Bundesbahnen identisch sind. Außerdem gibt es eine sogenannte Schülerkomposition. Diese besteht aus ehemaligen Leichtstahlwagen der Schweizerischen Bundesbahnen (SBB) und einer vierachsigen Diesellok.

Info: Steiermärkische Landesbahnen (StLB), Radetzkystr. 31, A-8010-Graz, Tel. 0316 / 812-5810 – www.stlb.co.at

Die mit Dieselfahrzeugen betriebene Lokalbahn Gleisdorf–Weiz gehört ebenfalls zur Gruppe der Steiermärkischen Landesbahnen. Obwohl die StLB-Trasse in Gleisdorf beginnt und in Weiz endet, gibt es einige direkte Züge nach Graz, in die Hauptstadt der Steiermark. Diese Züge werden meist mit StLB-Dieseltriebwagen gefahren. Es kommt dagegen auch hin und wieder vor, daß ÖBB-Triebwagen der Reihe 5047 bis nach Weiz verkehren.

Die Strecke führt durch ländliches und auch industrielles Gebiet bis nach Weiz – der Endpunkt liegt allerdings etwa 300 m weiter in Weiz-Stadt. Hier befindet sich lediglich ein Stumpfgleis sowie ein Warteunterstand für die Reisenden. Dafür ist man, wie es der Name sagt, direkt im Stadtzentrum.

Auch diese StLB-Strecke wird sonntags mehrheitlich durch Busse bedient und der Bahnfahrplan ist daher an Wochenenden sehr dürftig – für den Besuch wird unbedingt ein Werktag empfohlen.

BILD: MARKUS INDERST

Der ET 2 fährt als Zug 8604 bei der romantischen Haltestelle Oedt durch.

Gemütlich ins Schilcherland

Von Feldbach nach Bad Gleichenberg

Die Landesbahnstrecke von Feldbach zum Kurort Bad Gleichenberg ist die jüngste Normalspurbahn im Eigentum der Steiermärkischen Landesbahn. Die ersten Pläne gab es bereits im 19. Jahrhundert, doch dauerte es noch einige Zeit, bis man erwog, eine Konkurrenzlinie zur Südbahn von Feldbach über Bad Gleichenberg nach Bad Radkersburg zu errichten. Der Erste Weltkrieg verhinderte die Pläne, und auf der vorgesehen Trasse errichtete man eine normalspurige Heeresschleppbahn zu einem nahegelegenen Kriegsgefangenenlager. Erst 1926 wurde die Bahn wieder aktuell, und 1927 konnte die Strecke aus Kostengründung nur bis Bad Gleichenberg fertiggestellt werden. Aufgrund der Trassenführung, es wurde auf Tunnels verzichtet, weist die Strecke enge Radien und Steigungen von 41 Promille auf, so daß von Anfang an ein elektrischer Betrieb sinnvoll erschien. Die Strecke wurde am 15. Juni 1931 eröffnet, und es kamen zwei noch heute vorhandene Elektrotriebwagen zum Einsatz, die vor ca. 20 Jahren modernisiert wurden. Des öfteren stand die Strecke vor der Schließung, weil sie durch ein dünn besiedeltes, aber reizvolles Hügelland führt.

INFO

Feldbach ist mit direkten Zügen aus Graz bzw. aus Wiener Neustadt erreichbar. Kursbuchstrecke 53b, **Streckenlänge:** 22 km, **Fahrzeit:** 35 min, **Spurweite:** 1435 mm.

Triebfahrzeuge: Der Landesbahnstrecke stehen zwei Elektrotriebwagen ET 1 und 2 sowie eine E-Lok Nr. E 41 zur Verfügung.

Info: Steiermärkische Landesbahnen (StLB), Radetzkystr. 31, A-8010-Graz, Tel. 0316 / 812-5810 – www.stlb.co.at

BILD: DR. HELMUT PETROVITSCH

Moderner Diesel-Triebwagenzug der Murtalbahn bei Unzmarkt.

Mit den Dampfbummlern vom Murtal ins Lungau

Von Unzmarkt nach Tamsweg

Bereits 1883 wurden die ersten Vorschläge zur Errichtung einer Bahnlinie im oberen Murtal unterbreitet, die vorsahen, die Strecke entlang der heutigen Tauernautobahn zu bauen. Ebenso verzögerte sich der Bau der Tauernbahn, so daß man dazu überging, eine Normalspurlinie zu planen, die aber aus Geldmangel dann doch als Schmalspurvariante ausgeführt wurde. Als Ausgangspunkt kam nun Unzmarkt, gelegen an der KRB-Linie St. Michael–Villach, in Frage. Die Bahn wurde entlang der Mur bergwärts nach Murau-Stolzalpe, dann weiter über Predlitz und Tamsweg nach Mauterndorf gebaut. Sie erreichte dabei ein Länge von fast 77 km und wurde am 9. Oktober 1894 eröffnet. Noch vor dem Ersten Weltkrieg war vorgesehen, die Bahn zu elektrifizieren. Die Betriebsergebnisse blieben aber hinter den Erwartungen zurück, weshalb heute nur noch die Strecke bis Tamsweg bedient wird. Die Murtalbahn ist heute eine beliebte Schmalspurbahn, insbesonders für den Ausflugsverkehr. Ein besonderes Schmankerl sind die Dampffahrten, die bis weit über die Grenzen bekannt sind.

INFO

Unzmarkt ist mit direkten Zügen aus Wien und Salzburg bzw. Villach erreichbar. Kursbuchstrecke 63, **Streckenlänge:** 65 km, **Fahrzeit:** 2 h 3 min, **Spurweite:** 760 mm.

Triebfahrzeuge: Der Murtalbahn stehen fünf Dampfloks (Bh 1, St 2, U11, U40 und U43), vier verschiedene Dieselloks (VL 6, 12, 13 und 16) und vier moderne Dieseltriebwagen (VT 31-34) zur Verfügung.

Info: Betriebsleitung der Murtalbahn, Murau, Tel. 03532 / 223-0 – www.stlb.co.at

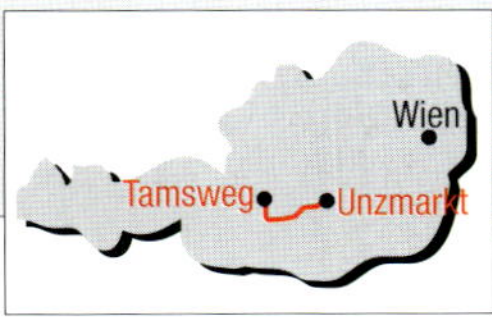

BILD: SANDRO SIGRIST

Am 13. Mai 1999 präsentierten sich sechs Schienenbusse im Köflacher Bahnhof.

Eine Privatbahn, die gar keine mehr ist

Von Graz nach Wies-Eibiswald

INFO

Graz ist mit direkten Zügen von Wien, Linz, Salzburg und Innsbruck erreichbar. Kursbuchstrecke 55, **Streckenlänge:** 91 km, **Fahrzeit:** 50 min nach Köflach bzw. 1 h 20 min nach Wies-Eibiswald, **Spurweite:** 1435 mm. **Besonderes:** Direkte Züge nach Köflach und nach Wies-Eibiswald.

Triebfahrzeuge: Es verkehren überwiegend die 13 Einheiten des VT 70. Es werden zeitweise auch Doppelstockzüge eingesetzt, die mit Loks der Reihe 1500 geführt werden. Es gibt noch zwei Dampfloks und neun weitere Dieselloks, die vor Güterzügen eingesetzt werden.

Info: Graz-Köflacher-Bahn, A-8020 Graz, Tel. 0316 / 5987-0 – www.gke.at

Wegen dem Abbau von Braunkohle bei Köflach ließ die Gewerkschaft eine Kohlenbahn nach Graz bauen. 1860 konnte die 40 km lange Linie von Graz nach Köflach eröffnet werden. Als Ergänzung wurde 1873 die Zweiglinie von Lieboch nach Wies-Eibiswald gebaut. In den ersten Jahren lebte die GKB vom Güterverkehr. Dies änderte sich jedoch schlagartig mit dem Bau einer Bahnlinie von Graz nach Westungarn, wodurch die GKB einen Höhenflug erlebte.
Nach dem Zweiten Weltkrieg zeichnete sich die Wende ab: Der Güterverkehr ist seither rückläufig und der Personenverkehr nahm zu, weshalb die GKB 1980 neue Dieseltriebwagen beschaffte. Charakteristisch für die Strecke sind die vielen romantischen Bahnhofsgebäude, die sich harmonisch in das Ambiete der Weststeiermark integrieren. Die vielfältige Triebfahrzeugsammlung der GKB darf im Freigeländer der Remise beim Graz-Köflacher-Bahnhof bewundert werden.

BILD: TIBERT KELLER

Die Wiener Lokalbahn mit einem ehemaligen Straßenbahnwagen aus Köln.

Zweigleisig und vollständig elektrifiziert

Von Wien nach Baden

Seit 1907 verbindet eine elektrische Lokalbahn Wien (über Wiener Neudorf, Guntramsdorf und Traiskirchen) mit der Kurstadt Baden. Vorher hatte es schon auf Teilstrecken Straßenbahnen gegeben, die mit Dampfloks oder elektrischer Traktion verkehrten. Ende der sechziger Jahre konnten die alten Fahrzeuge durch neun gebrauchte Trieb- und sechs Steuerwagen der Kölner Verkehrsbetriebe ersetzt werden.
1979 begann die grundlegende Erneuerung der Bahnlinie, die eine zweigleisige, vollständig elektrifizierte Strecke von 30,4 km Länge sowie 5,6 km Anschlußgeleise betreibt. Seit 1984 ist die Gesellschaft in den Verkehrsverbund Ostregion (VOR) eingebunden.
Heute verkehren im Plandienst moderne, achtachsige Gelenktriebwagen. Zur „Badner Bahn" gehören auch Linienbusse im Raum Baden, mehrere Auftragsbuslinien im Süden Wiens sowie ein Reisebüro in Baden. Die Nostalgie-Fahrzeuge, allen voran der vom Jugendstilarchitekten Otto Wagner umgestaltete Hofsalonwagen, können auch auf den Strecken der Wiener Verkehrsbetriebe verkehren.

INFO

Wien ist internationaler Verkehrsknoten, die Wiener Lokalbahn nimmt an der Station Wien Oper ihren Ausgang. Kursbuchstrecke 51a, **Streckenlänge:** 30 km, **Fahrzeit:** 1 h 8 min, **Spurweite:** 1435 mm.

Triebfahrzeuge: Achtachsige Gelenktriebwagen im Plandienst, ferner vier liebevoll restaurierte Triebwagen für Sonderfahrten

Info: Wiener Lokalbahnen AG, Eichenstr. 1, A-1120 Wien, Tel. 01 / 815 56 32-24 (Verkehrskontrolle) – www.wlb.at

Museen und Museumsbahnen

Blick in den Führerstand des Stubaitaler Museumstriebwagens.

Bild: Ronald Gohl

BILD: VALLY GOHL

Museumdampflok „Mogul" der Bregenzerwaldbahn in Bezau.

Einst Lokalbahn, heute Museumsbetrieb

Museumsbetrieb: von Bezau nach Bersbuch

Die Strecke der 35 km langen, schmalspurigen Lokalbahn Bregenz–Bezau, die im August 1899 konzessioniert wurde, führte zunächst durch das Achtal. Dieser Abschnitt wird heute nicht mehr befahren. Anschließend schlängelt sich die Trasse durch die Hügellandschaft des Bregenzer Waldes. Nach den Erdrutschen vom Juli 1980 und Oktober 1981 stellten die ÖBB den Betrieb 1985 definitiv auf der unrentablen Strecke ein. Noch im gleichen Jahr wurde der Verein „Bregenzerwald-Museumsbahn" gegründet, der einen Teil der Strecke und die noch vorhandenen Fahrzeuge erhalten wollte. 1987 erwarb er die erste eigene Lok, die „D1" der Lokalbahn Payerbach-Reichenau–Hirschwangen, die in Fronarbeit instandgesetzt wurde. 1988 konnte der Zugverkehr auf einem Teilstück aufgenommen werden, 1989 wurde Schwarzenberg erreicht. Zunächst setzte man zwei geliehene Dampfloks ein, 1993 erwarb der Verein die Dampflok U 25, zu der sich 1996 zwei Dieselmaschinen sowie eine Dampflok gesellten.

INFO

Bezau erreicht man mit Postbussen von Bregenz aus. Der Betrieb auf der 6,1 km langen Strecke Bezau–Bersbuch (drei Zugpaare) findet vor allem an den Wochenenden ab Pfingsten bis Mitte Oktober statt, im November/Dezember (Nikolaus) an einzelnen Tagen. Im Hochsommer gibt es dienstags eine abendliche „Stimmungsfahrt" von Bezau nach Schwarzenberg. Die Dampf-Termine sollte man erfragen, im übrigen verkehren drei Dieselloks.

Info: Verein Bregenzerwald-Museumsbahn, A-6941 Langenegg 39, Tel. 05513 / 6192 – www.ecommerce.at/waelderbaehnle.at

BILD: MARKUS INDERST

Die 2043.01 ist eine Besonderheit, sie hat eine grüne und orange Lackierung.

„Zulieferer" für die Nostalgieabteilung der ÖBB

Eisenbahnmuseum und Nostalgiefahrten

Da die Region Knittelfeld nicht zu den eigentlichen Fremdenverkehrsgebieten in Österreich zählt, hat sich der Verein, der 1989 gegründet wurde, das Ziel gesetzt, durch den Aufbau des „Eisenbahnmuseums der Stadt Knittelfeld" eine Touristenattraktion zu schaffen. Für dieses Museum wurden von der Stadt Räume im Heizhaus der ÖBB gemietet, in denen u.a. ein funktionstüchtiger Fahrsimulator aufgebaut ist, der aus Teilen eines Führerstandes der Lok 1245.530 besteht. Diese Maschine war früher in Knittelfeld beheimatet. Außerdem werden Signal- und Blockeinrichtungen aus dem Beginn des 20. Jahrhunderts reaktiviert und ein Pavillon der Kronprinz-Rudolfs-Bahn nach Originalplänen errichtet. Schließlich hat der Verein dafür gesorgt, daß die Dampflok 52.4984, die E-Lok 1245.525 und die Rangierlok 2060.57 für die Nostalgieabteilung der ÖBB fahren und daß (Dampf-)Sonderzüge von und nach Knittelfeld verkehren, z.B. ein Dampfzug nach Prag im Mai 1999. Mit einer Sternfahrt von mehreren Dampfzügen wurde das Museum 1999 im Rahmen der Steirischen Landesausstellung eröffnet.

INFO

Knittelfeld ist von Wien, Graz oder Villach aus mit IC- und Eilzügen der ÖBB zu erreichen (Kursbuchstrecke 6). Die Dampflok 52.4984, die E-Lok 1245.525 und die Rangierlok 2060.57 verkehren zur Zeit für die Nostalgieabteilung der ÖBB. Ein Fahrsimulator, der aus einem Führerstand der 1245.530 besteht, befindet sich im Aufbau.

Info: Eisenbahn-, Museums- und Nostalgieclub Knittelfeld, Zugförderungsleitung, Alnbachallee 14, A-8720 Knittelfeld
Tel. 03512 / 83230-348

BILD: MARKUS INDERST

Jährlich veranstaltet der Club gemeinsam mit der ÖBB eine Ausfahrt.

Ein historisch fundiertes Eisenbahnbewußtsein

Eisenbahnmuseum und Nostalgiefahrten

Die erklärten Ziele des 1980 gegründeten Vereins sind die Erhaltung von historisch wertvollen Schienenfahrzeugen und die Ausbildung eines historisch fundierten Eisenbahnbewußtseins. Zur Erfüllung seiner Ziele betreut der Verein zur Zeit zwei Dampf- und zwei E-Loks, die auch bei Nostalgiefahrten zum Einsatz kommen, sowie einige Güterwagen. Außerdem hat er das unter Denkmalschutz stehende Heizhaus beim Bahnhof Lienz gemietet, um es museal zu nutzen. Dieser dreigleisige Langschuppen mit angebautem Verwaltungsteil wurde 1871 von der K. k. privilegierten Südbahn-Gesellschaft in Betrieb genommen und hat eine Länge von 94 m. Damit handelt es sich um das größte noch vorhandene Heizhaus dieser Art in Österreich, das die originalen Tore und ein unverputztes Mauerwerk besitzt. In der Nachbarschaft befindet sich ein noch benutztes Wasserhaus. Südlich des Heizhauses gab es früher ein 15-ständiges Rundhaus mit Drehscheibe, das aber im Zweiten Weltkrieg zerstört und anschließend nur teilweise und ohne Drehscheibe wieder aufgebaut wurde.

INFO

Lienz liegt an der Linie Spittal an der Drau–San Candido/Innichen (Kursbuchstrecke 22a). Der Verein hat eines der schönsten und größten noch erhaltenen Heizhäuser Österreichs zur musealen Nutzung gemietet. Vom Verein betreute Fahrzeuge: Dampflok Sulm 1, Serie 32d der ehemaligen K. k. privilegierten Südbahn-Gesellschaft; Dampflok 52.3816; E-Lok 1245.522; E-Lok 1020.018 (ex E 94 001) und einige Güterwagen.

Info: Verein der Eisenbahnfreunde in Lienz, Postfach 298, A-9900 Lienz, Tel. 04852 / 64 457 (abends)

BILD: ERNST KABELKA

Die betriebsfähige Lok „Barbara" im Eisenbahnmuseum Schwechat.

Eine sehenswerte Sammlung

Eisenbahnmuseum

Auf dem Gelände der ehemaligen Zugförderungsstelle Groß Schwechat präsentieren der Verband der Eisenbahnfreunde, der Verein zur Förderung von Klein- und Lokalbahnen sowie das Niederösterreichische Lokalbahnmuseum eine sehenswerte Sammlung von Eisenbahn-Fahrzeugen und -Gegenständen. Die Anlagen umfassen 1500 m Gleis und 1200 m² Hallen. Außer den VEF-Fahrzeugen ist vor allem Rollmaterial von Lokal-, Werk- und Feldbahnen ausgestellt, und eine kurze Strecke mit der Spurweite von 600 mm vermittelt das Fahrgefühl einer Feldbahn. Im übrigen wird auch die Entwicklung der Antriebsformen mit Verbrennungskraftmotoren dargestellt, u.a. mit der ältesten erhaltenen mechanischen Normalspur-Diesellok (Baujahr: 1921), dem dieselelektrischen Triebwagen VT 41.03, den heutigen hydraulischen Antrieben sowie der größten Sammlung von dieselelektrischen Loks des Herstellers „Gebus". Verschiedene Personenwagen, z.B. ein „Flachdachwagen" von 1882, ein Schnellzugwagen mit Baujahr 1900 sowie ein Postwagen von 1899, können von innen besichtigt werden.

INFO

Das Eisenbahnmuseum befindet sich im Bahnhof Gross Schwechat an der Linie S7 (Kursbuchstrecke 92). Fahrausweise der VOR-Kernzone (Wien) sind gültig. **Öffnungszeiten:** sonn- und feiertags vom 1. Mai bis Ende Oktober von 10 bis 17 Uhr; **Dampfbetrieb:** jeden letzten Sonntag im Monat sowie erster und letzter Öffnungstag; Mitfahrmöglichkeit in den Lokomotiven.

Info: Verband der Eisenbahnfreunde, Postfach 28, A-1203 Wien, Tel.: 0676 / 475 75 97 – www.sabor.do.at/vef/schwechat.htm

BILD: NORBERT HÖDL

Die 2050.04 gehört dem Eisenbahnmuseum, sie wird vor Güterzügen eingesetzt.

Vier Diesselloks im Waldviertler Bestand

Eisenbahnmuseum und Nostalgiefahrten

Vor ziemlich genau 120 Jahren wurde das Heizhaus in Sigmundsherberg, das man damals als „Lokomotivremise" bezeichnete, in Betrieb genommen; es liegt an der „Franz-Josefs-Bahn" von Wien nach Prag. 1959 wurden Sigmundsherberg Dieselloks der Baureihe 2050 zugeteilt, 20 Jahre später kam die „Degradierung" von einer Zugförderungs- zu einer Lokstelle, die man 1973 ganz auflöste. Anläßlich des Jubiläums „150 Jahre Eisenbahnen in Österreich" im Jahre 1987 konnte ein Teil des ehemaligen Heizhaus-Geländes als Museum benutzt werden, und zwei Jahre später waren die Arbeiten an den liebevoll restaurierten Ausstellungsräumen beendet. Der Verein Waldviertler Eisenbahnmuseum Sigmundsherberg wurde im April 1994 gegründet. Vier Dieselloks, die kleine Deutz-Maschine „Marko" mit einem Zweizylinder-Motor (Baujahr: 1934), die Rangierlok 2060.11 in tannengrüner Lackierung, die leistungsstärkere 2045.017 sowie die betriebsfähige 2050.04 sind der augenblickliche Bestand des Museums.

INFO

Sigmundsherberg liegt an der sogenannten „Franz-Josefs-Bahn" von Wien nach Prag und wird von den aus Wien kommenden Eilzügen im Zweistundentakt angefahren (Kursbuchstrecke 8). Der Museumsbesuch ist jederzeit (bis jeweils 17 Uhr) nach Absprache möglich; vier Dieselloks gehören zum Bestand, eine davon, die 2050.04 in tannengrüner Farbgebung kommt vor Nostalgie- und Rangierzügen zum Einsatz.

Info: Waldviertler Eisenbahnmuseum Sigmundsherberg, Postfach Bahnhof, A-3751 Sigmundsherberg, Tel. 02983 / 2307-379

BILD: MARKUS INDERST

Die 1100.102 zieht eine Reihe neuerworbener Exponate nach Straßhof.

34 Dampflokomotiven

Eisenbahnmuseum und Nostalgiefahrten

Ein Wink des Schicksals ist es, daß auf der gleichen Strecke, nämlich der Nordbahn, 1837 die ersten und 1976 die letzten Normalspur-Dampfloks fuhren. Ihr Einsatz erfolgte von dem Heizhaus Straßhof aus, dessen heutiges Gebäude 1944 errichtet wurde, als die Deutsche Reichsbahn den Betrieb der österreichischen Eisenbahnen führte. Nach der Schließung der Anlagen drohte 1978 der Abbruch, doch konnte die Zugförderung in ein Museum umgewandelt werden, in dem viele Fahrzeuge des staatlichen Österreichischen Eisenbahnmuseums untergestellt sind, die ab 1984 den Besuchern zugänglich gemacht wurden. Anläßlich des Jubiläums „150 Jahre Eisenbahnen in Österreich" war das Museum eine Zeitlang wieder eine Zugförderung, als zahlreiche (ausländische) Dampfloks, die an den Paraden teilnahmen, dort stationiert wurden. Heute beherbergt das Heizhaus 34 Dampf-, drei E- und zehn Dieselloks, zwei Triebwagen sowie 100 Wagen und Sonderfahrzeuge. Eine Garten- und eine Modellbahn runden das Angebot ab.

INFO

Das Museum ist mit der Wiener Schnellbahn S1 (Station Silberwald, von dort etwa fünf Minuten zu Fuß) zu erreichen; an Dampfbetriebstagen fährt man bis zum Bahnhof Straßhof. Von dort verkehren die museumseigenen Anschlußzüge.

Öffnungszeiten: von Mitte April bis Ende Oktober sonn- und feiertags von 10 bis 16 Uhr; die Termine der Dampftage muß man erfragen.

Info: 1.ö.S.E.K., Rotenhofgasse 102, A-1100 Wien, Tel. 01 / 603 53 01, – www.heizhaus.com

BILD: MARKUS INDERST

In Eisenerz abgestellter Schienenbus 5081; dahinter ist der Erzberg zu sehen.

Von der Güter- zur Museumsbahn

Museumsbetrieb: von Vordernberg Markt nach Eisenerz

Um das am Steirischen Erzberg gewonnene Eisenerz abtransportieren zu können, legte man die 18,5 km lange Normalspur-Strecke zwischen Vordernberg Markt und Eisenerz an. Sie besitzt außer fünf Tunneln und sechs Viadukten eine Zahnstange nach dem System Abt. Der Kulminationspunkt ist der Bahnhof Präbichl mit 1204 m Seehöhe. 1978 verkehrten zum letzten Male die seit der Eröffnung am 18. August 1891 in Betrieb stehenden Dampfloks, nach einem zehnjährigen Zwischenspiel von Dieselloks kam 1988 das Aus für die Strecke. Seit 1990 ist es wieder möglich, die Trasse, die sicherlich zu den imposantesten Gebirgsbahnen in Europa zählt, mit vier Schienenbussen der Baureihe 5081.5 zu befahren. Diese Fahrzeuge, bei denen man dem Lokführer über die Schulter schauen kann, verkehrten früher auch im Planbetrieb. Auf Wunsch kann das Schaubergwerk in Eisenerz besucht werden. Im Bahnhof Vordernberg ist neben verschiedenen Exponaten, z.B. historischen Fahrplänen und Bildern, auch der Führerstand einer Dampflok der Reihe 97.2 ausgestellt.

INFO

Vordernberg Markt, den Endpunkt der Museumsbahn, erreicht man mit Regionalzügen von Leoben aus (Kursbuchstrecke 61), das an der Südbahn Wien–Villach liegt (Kursbuchstrecke 6). Die 18,5 km lange Strecke wird von Anfang Juli bis Mitte September im planmäßigen Museumsbetrieb mit Schienenbussen befahren; eine Fotofahrt findet separat statt; das Schaubergwerk kann auf Anfrage besichtigt werden.

Info: Verein Erzbergbahn, Postfach 7, A-8794 Vordernberg; Tel. 03849 / 832

BILD: ERNST KABELKA

Die hundertjährige O&K-Dampflokomotive des FIM auf 600 mm-Spur.

Vielfältige Schmalspur-Fahrzeugsammlung

Eisenbahnmuseum

Da es in den sechziger Jahren von privater Seite nur wenig Interesse gab, Schienenfahrzeuge museal zu erhalten, wobei diese Bemühungen oft an finanziellen Problemen scheiterten. Darum wurde im Dezember 1965 das Feld- und Industriebahnmuseum als Verein gegründet, das sich zum Ziel setzte, Loks, Wagen und Geleise zu erwerben und zu erhalten. Alles begann mit einer Lok und sieben Wagen. Im Herbst 1983 zog das Museum von Wien nach Freiland um, wo umfangreiche Gleisanlagen samt einer Werkstatt errichtet wurden. Heute umfasst die Sammlung 48 zum Teil betriebsfähige Loks und 171 Wagen, meist mit einer Spurweite von 600 mm. Auf diese Weise wird ein umfassender Überblick über die Entwicklung der schmalspurigen Eisenbahnen als innerbetriebliche Transportmittel von Industrie, Bergbau, Bauwesen, Land- und Forstwirtschaft gegeben, der die Zeit vom ausgehenden 19. Jahrhundert bis zur Gegenwart umfaßt und damit auch die industrielle Entwicklung in diesem Zeitraum widerspiegelt.

INFO

Der Eingang zum Feld- und Industriebahnmuseum liegt gegenüber dem ÖBB-Bahnhof Freiland an der Strecke St. Pölten–Kernhof (Kursbuchstrecke 111a) sowie an der Bundesstraße 214 (St. Pölten–) Freiland–Hohenberg (–Mariazell). **Öffnungszeiten:** von Mitte April bis Mitte Oktober, jeweils sonntags von 10 bis 16 Uhr; der Vorführbetrieb mit Dampf- und Dieselloks findet an einzelnen Terminen statt, die man erfragen sollte.

Info: Feld- und Industriebahnmuseum, A-3183 Freiland 27, Ansprechperson ist Ingenieur Kurdiovsky Tel. 01 / 984 2354, www.byronny.at/bahn/feldbahn/index.html

BILD: DR. HELMUT PETROVITSCH

Florianerbahn-Museumsbetrieb: Triebwagen Nr. 1 in St. Florian.

Museumstramway auf Straßenbahnstrecke

Museumsbetrieb: von St. Florian nach Ebelsberg

INFO

St. Florian erreicht man mit Postbussen von Linz aus. Eine andere Möglichkeit ist die ESG-Autobuslinie 11, wobei man von der Straßenbahnlinie 1 an der Haltestelle Simonystraße umsteigen muß. Von der Endstation Pichlinger See führt ein beschildeter Weg (ca. zehn Minuten) zur Endstation der Florianerbahn.

Planmäßige Nostalgiezüge (mit Fotohalten auf Wunsch) verkehren von Anfang Mai bis Anfang Juli sowie von Mitte August bis Mitte Oktober an Sonn- und Feiertagen. Sonderfahrten zu einem Pauschalpreis sind jederzeit möglich.

Info: Club Florianerbahn, Alter Bahnhof, A-4490 St. Florian, Tel. 0732 / 242292 www.florianerbahn.at

Die Florianerbahn wurde 1910 als zweite Schienenverbindung zwischen Linz und Steyr geplant, doch konnte wegen des Ersten Weltkriegs nur das Teilstück Ebelsberg–St. Florian 1913 eröffnet werden. Die Betriebsführung lag bei der Privatfirma Stern & Hafferl. 1929 erfolgte durch den Neubau der Traunbrücke der Anschluß an die Linzer Straßenbahn. Anfang der siebziger Jahre ging diese Verknüpfung durch einen weiteren Brücken-Neubau verloren, und die Infrastruktur war überaltert, so daß am 1. Januar 1974 die letzte Fahrt stattfand. Die wenige Tage später gegründete „Österreichische Gesellschaft für Eisenbahngeschichte“ (ÖGEG) pachtete die Strecke, der „Arbeitskreis Museumsbahn St. Florian“ restaurierte Teile der Trasse samt Fahrleitung sowie Fahrzeuge verschiedener Verkehrsbetriebe. Heute beschäftigt sich die Entwicklungs- und Forschungsgesellschaft mit der ehemals 9,6 km langen Linie und der Club mit den Fahrzeugen.

BILD: ERNST KABELKA

Alle drei Dampfloks der Gurkthalbahn in Pöckstein-Zwischenwässern.

Dreischienengleis für Dampfloks

Museumsbetrieb: von Treibach-Althofen nach Klein-Glödnitz

Nachdem zunächst eine Straßen-, dann eine Normalspur-Bahn geplant worden waren, baute man schließlich zwischen Treibach-Althofen und Klein-Glödnitz eine Schmalspurbahn mit 760 mm Spurweite, die am 10. Oktober 1898 ihren Betrieb aufnahm. Nach dem Ersten Weltkrieg gingen die Einnahmen derartig zurück, daß die Bahn auf den 1. Januar 1932 von den BBÖ übernommen wurde. Der Zweite Weltkrieg brachte einen weiteren Einbruch, und am 6. Juni 1968 wurde der Personenverkehr „vorübergehend" eingestellt, aber nie wieder aufgenommen. Am 14. Februar 1972 verkehrte auch der letzte Güterzug. Noch im gleichen Jahr wurde ein Verein gegründet, der am 1. Juni 1974 den ersten Museumszug auf dem Teilstück Treibach-Althofen–Pöckstein-Zwischenwässern führen konnte. Probleme ergaben sich, als die ÖBB einen Abschnitt der Schmalspurtrasse für ein Anschlußgleis beanspruchten, doch ließ sich der Kompromiß eines Dreischienengleises finden, das seit 1992 wieder den Museumsbetrieb mit Dampfloks ermöglicht.

INFO

In Treibach-Althofen, dem Ausgangspunkt der Museumsbahn, halten alle IC-Züge der Kursbuchstrecke 6. Planmäßiger Betrieb mit einem Fotohalt in Hoherholz findet von Ende Juni bis Mitte September an Wochenenden und Feiertagen statt. Es kommen Dampfloks und eine Garnitur „Haubendachwagen" sowie andere Personenwagen, z.B. ein Vierachser der Ybbstalbahn, zum Einsatz. Weitere nicht einsatzfähige Dampf- und Dieselloks sind vorhanden.

Info: Gurkthalbahn, Postfach 181, A-9010 Klagenfurt, Tel. 04262 / 4783 oder 04229 / 3528

BILD: A. SCHMUTZ

Ungewöhnliches und kurioses Triebfahrzeug der LBPH mit Höllenthal-Expreß.

Elektrisch betriebene Museumsbahn

Museumsbetrieb: von Hirschwang nach Payerbach

Die 1917 eröffnete, schmalspurige Lokalbahn Payerbach–Hirschwang besaß zwei Besonderheiten: sie wurde von Anfang an elektrisch betrieben und ihr einziger Aktionär war die Papierfabrik Hirschwang. 1926 wurde die Linie für den Personenverkehr umgebaut und 1927 an den beiden Endpunkten verlängert. 1963 stellte man den Personenverkehr ein. 1976 drohte dem Güterverkehr das gleiche Schicksal, doch stellten Eisenbahnfreunde eine Diesellok zur Verfügung, so daß der Güterbetrieb bis 1982 weitergeführt werden konnte. Aus dieser spontanen Hilfsaktion entstand die Österreichische Gesellschaft für Lokalbahnen, die die 5 km lange Strecke nach der definitiven Betriebseinstellung pachtete und den Museumsverkehr durchführt. Die Bahn besitzt neben den E-Loks E 1 und E 2 die Dieselloks V 2 und V 10 sowie die Dampfloks „Floriana“ (Baujahr 1913) und „Böhler 17“ (1943). Zwei originale Payerbacher Beiwagen kommen zum Einsatz, und zwei weitere könnten zur Rekonstruktion der früheren Triebwagen verwendet werden, sofern sich Sponsoren finden.

INFO

Payerbach-Reichenau, den Ausgangspunkt der 5 km langen, elektrifizierten Museumsbahn, kann man von Wien aus mit Eilzügen im Stundentakt erreichen (Kursbuchstrecke 5, Südbahn). **Betrieb:** An allen Sonntagen im Juli und August sowie einigen Terminen im Juni, September und Oktober verkehren die Züge im Zweistundentakt, wobei die genauen Zeiten erfragt werden müssen.

Info: ÖGLB, Poschgasse 6, A-1140 Wien, Tel. 02666 / 52552 (Bahnhof Reichenau) oder 02666 / 52206 (Tourismusbüro Reichenau) www.byronny.at/bahn/htb/index.html

BILD: PATRICK RUDIN

Lok „Elfi“ mit Besucherzug zwischen Bodenseemündung und Lustenau.

IRR Rheinschauen

Museumsbetrieb: von Lustenau bis zur Rheinmündung

Seit mehr als 100 Jahren hat die Internationale Rhein-Regulierung die Aufgabe, den Alpenrhein zwischen Feldkirch und der Mündung in den Bodensee flußbautechnisch zu regulieren, um auf diese Weise größere Überschwemmungen zu verhindern. Um die Transporte zu erleichtern, wurde eine Dienstbahn mit einer Spurweite von 750 mm geschaffen, die zur Zeit rund 33 km Strecken zwischen dem Steinbruch „Kadel“ und den beiden Mündungsdämmen betreibt. Etwa 26 km sind mit Gleichstrom von 750 V elektrifiziert, der Rest wird mit Zweikraftloks bedient. Die E-Loks haben als Besonderheit einen Trolley-Stromabnehmer. 1992 wurde der Verein „Rheinschauen“ gegründet, der auf dem Netz der IRR öffentliche Fahrten durchführt und die beiden Dampfloks „Maffei“ und „St. Gallen“ sowie die Dieselmaschine „Demag 2“ betreut. Die „St. Gallen“ wurde übrigens nach einer gründlichen Überholung 1999 wieder in Betrieb genommen. Außerdem führt der Verein das Museum „Rheinschauen“, in dem die Arbeit und Bedeutung der Rheinregulierung dargestellt wird.

INFO

Die Haltestelle für die Sonderfahrten auf der IRR befindet sich unmittelbar neben der Haltestelle Lustenau Markt der Linie Bregenz–St. Margrethen (Kursbuchstrecke 43). **Betrieb:** Jeden Freitag, Samstag und Sonntag finden von Anfang Mai bis Ende September öffentliche Fahrten zur Rheinmündung statt, wobei die Züge an bestimmten Terminen mit einer Dampf-, sonst mit einer E-Lok geführt werden.

Info: Verein „Rheinschauen“, Höchster Straße 4, A-6893 Lustenau, Tel. 05577/82395

Die Lokomotive Nr. 1 der Liliputbahn im Wiener Prater am 01.05.1998.

Gartenbahn mit Dampfbetrieb

Gartenbahnbetrieb: Wiener Prater

INFO

Den Wiener Prater erreicht man mit der U-Bahn-Linie U1 (Haltestelle Praterstern), mit mehreren Linien der Wiener Schnellbahn (Haltestelle Wien Nord) sowie mit verschiedenen Straßenbahn-Linien. Eine Haltestelle der Liliputbahn befindet sich in der Nähe des Riesenrades. **Betrieb** auf der 2,5 km langen Strecke: Von April bis Oktober täglich von 10 bis 18 Uhr etwa im 20-Minuten-Takt, wobei die genauen Zeiten an den Kassen angeschlagen sind; Dampfbetrieb samstags ab 14 Uhr sowie an Sonn- und Feiertagen.

Info: J. Passweg OHG, Herrn Martin Fuchs, Schrotzberggasse 7/8, A-1120 Wien, Tel. 01 / 728-0603 (Kasse Prater) oder 263-6879 (Kasse Donaupark) www.liliputbahn.magnet.at

Gartenbahnen stammen aus England, was auch die ungewöhnliche Spurweite der Prater-Bahn von 381 mm erklärt. Die ersten Projekte umfaßten eine 4,5 km lange Strecke bis zum Lusthaus, doch beschränkte man sich auf die bescheidenere Variante von 2,5 km (Riesenrad–Stadion). Ab 1. Mai 1928 dampften die Lokomotiven Nr. 1 und 2 durch die Praterauen und beförderten mit Tempo 25 bis zu 150 Passagiere. Selbst im Zweiten Weltkrieg verkehrte die Liliputbahn und erhielt 1942 die Dampflok Nr. 3. Von 1944 bis 1947 war der Betrieb allerdings eingestellt. 1956 kam die erste Diesellok, eine Gebus-Lok „D 1", hinzu, und 1961/62 wurde die Dampflok Nr. 3 nach Ausbau des Kessels in die „D 2" mit Stangenantrieb umgebaut. In der Folgezeit kamen weitere Dieselmaschinen hinzu, heute verkehren wieder regelmäßig die beiden Dampfloks. 1964 wurde für die Wiener Internationale Gartenschau eine Zweiglinie im Donaupark eröffnet.

BILD: DIETMAR ZEHETNER

Dampflok 52.3517 passiert eine Sägerei zwischen Timelkam und Puchkirchen.

Mit Dampf ins Obertagsgelände

Museumsbetrieb: von Ampflwang nach Timelkam

Als man sich zu Beginn des 20. Jahrhunderts entschloß, die Kohlevorräte im Raum Ampflwang systematisch abzubauen, wurde 1921 eine Werksbahn mit einer Spurweite von 600 mm errichtet. Aus dieser ging die 11,5 km lange Normalspurstrecke von den Bergwerksanlagen in Ampflwang nach Timelkam hervor, die von der Wolfsegg-Trauntaler-Kohlenwerks AG betrieben wurde. 1943 erhielt die Linie die Bewilligung für einen Personenverkehr in beschränktem Umfang, der im Juni 1966 wieder eingestellt wurde. Als die Kohlevorräte erschöpft waren, kam es zur Schließung der Bahnstrecke. Etwa zur gleichen Zeit suchte die ÖGEG nach einem geeigneten Standort für ihre Fahrzeugsammlung. 1996 konnte sie die Strecke, den Bahnhof Ampflwang und das Obertagsgelände des ehemaligen Bergwerks (für ein künftiges Museum) erwerben. Für die Sonderzüge werden Dampfloks der Reihen 52 und 93, Dieselloks der Reihe 2060 oder Dieseltriebwagen der Reihe 5046 sowie Altbau-Personenwagen eingesetzt.

INFO

Timelkam ist nur wenige Kilometer von der IC-Haltestelle Attnang-Puchheim (Kursbuchstrecke 1, Westbahn) entfernt und kann von dort bzw. von Salzburg aus im Stundentakt mit Eil- oder Regionalzügen erreicht werden.

Betrieb: An jedem Sonntag von Ende Juni bis Mitte September werden drei Zugpaare geführt, die an jedem zweiten Sonntag mit Dampfloks bespannt sind.

Info: ÖGEG, Postfach 11, A-4018 Linz; Tel. 0664 / 2210-279 oder 4036-093 http://members.magnet.at/dz

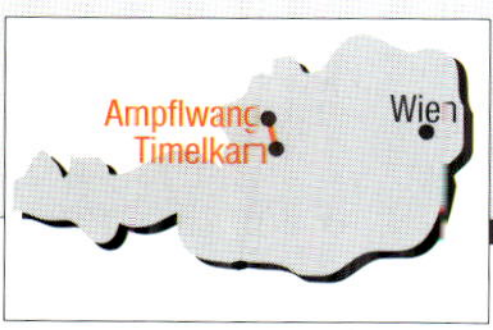

BILD: VALLY GOHL

Großartige „Wildwest-Romantik" in der Nähe der Station Waldschenke.

Eine echte Neubaustrecke mit Museumsbetrieb

Museumsbetrieb: von Mariazell nach Erlaufsee

Der Versuch, in St. Pölten ein österreichisches Straßen- und Lokalbahnmuseum aufzubauen, scheiterte, weil die St. Pöltener Straßenbahn 1976 eingestellt wurde. Da die Fahrzeugsammlung der „Interessensgemeinschaft Museumstramway" recht umfangreich war, begab man sich auf die Suche nach einer anderen Lösung, fand aber keine Strecke, die den Bedürfnissen entsprach. Die Idee, für die Museums-Straßenbahnen eine neue Linie zu bauen, stieß in dem bekannten Wallfahrtsort Mariazell auf offene Ohren, und so konnte am 12. September 1981 ein erster 500 m langer Abschnitt vom Bahnhof bis zum Sportplatz in Betrieb genommen werden. Die Verlängerung bis zum Erlaufsee war vier Jahre später fertig (Gesamtlänge: 3 km). Für den Fahrbetrieb kommt meist die 1884 gebaute Lokomotive 8 der „Dampftramwaygesellschaft Krauss & Co." in Wien zum Einsatz, doch sind Fahrzeuge aus Wien, Graz und St. Pölten sowie von den Lokalbahnen Wien–Baden und Wien–Preßburg vorhanden. Die Elektrifizierung der Strecke wird vorbereitet.

INFO

Die Remise mit den Exponaten und der Ausgangspunkt der Museumstramway befinden sich gegenüber dem Bahnhof Mariazell der schmalspurigen Mariazellerbahn (Kursbuchstrecke 11b). **Betrieb:** Von Juli bis September verkehren jeweils samstags und sonntags vier Zugpaare zwischen Mariazell und Erlaufsee, teilweise mit Dampf-Traktion. Auch am Pfingstwochenende findet ein Museumsbetrieb statt.

Info: Interessensgemeinschaft Museumstramway, An der Museumsbahn 5, A-8630 Mariazell, Tel. 03882 / 3014

BILD: MARKUS INDERST

Die älteste betriebsfähige Lok „Molln" bei Holzapfel nach Lunz am See unterwegs.

Oldtimer auf einer faszinierenden Bergstrecke

Museumsbetrieb: von Lunz am See nach Kienberg Gaming

Um die Schmalspurbahn durch das Ybbstal mit dem Endpunkt der normalspurigen Erlauftalbahn zu verbinden, wurde 1898 der Abschnitt Lunz am See –Pfaffenschlag–Kienberg-Gaming eröffnet, der Gefälle bis zu 35 ‰ und zwei sehenswerte „Trestleworkbrücken" aufweist. 90 Jahre später stellte die ÖBB den Betrieb wieder ein. 1990 gelang es der Österreichischen Gesellschaft für Lokalbahnen, auf dieser reizvollen Strecke eine Museumsbahn zu eröffnen und eine Betreibergesellschaft mit dem Namen „Niederösterreichische Landesbahnen" (NÖLB) zu gründen. Diesen Namen trug auch die erste Bahngesellschaft. Eingesetzt werden die „Molln", die älteste betriebsfähige Schmalspur-Dampflok in Österreich (Baujahr 1890), die Dampflok „U 1" (1898) der Mariazellerbahn und die älteste einsatzfähige Diesellok, die 2093.01 (1927) der Ybbstalbahn. Im Museumsbestand befinden sich noch die Diesellok 2190.01 der BBÖ (1934; System Gebus), die „D 7" der Zillertalbahn und die Heeresfeldbahnlok „V 1".

INFO

Nach Lunz am See, dem einen Endpunkt, verkehren die Züge der Ybbsthalbahn (Kursbuchstrecke 13a), und Kienberg-Gaming, der andere Endpunkt, ist mit der Lokalbahn von Pöchlarn (an der Westbahn) zu erreichen (Kursbuchstrecke 12). **Betrieb:** Von Ende Mai bis Ende September verkehren zwei Zugpaare täglich; die genauen Abfahrtszeiten muß man erfragen.

Info (zum Zugverkehr) und Reservierung: Tourismusverband Ötscherland, Volksfestplatz 3, A-3250-Wieselburg;
Tel. 07416 / 52692
www.byronny.at/bahn/ybbs/index.html

BILD: M. VOELLINGER

Die Dampflokomotive 93.1332 vor einem Museumszug bei Ferlach. (10.9.1994)

Rosentaler Dampfbummelzüge

Museumsbetrieb: von Ferlach nach Weizelsdorf

INFO

Die „Localbahn Ferlach–Weizelsdorf" mit den „Rosentaler Dampfbummelzügen" zweigt in Ferlach, wo sich auch das „Historama" befindet, von der Linie Klagenfurt–Rosenbach (Kursbuchstrecke 66) ab. Die „Lendcanal-Tramway" fährt durch ein Naturschutzgebiet bei Klagenfurt. **Betrieb:** Die „Dampfbummelzüge" fahren samstags/sonntags von Anfang Juli bis Mitte September: drei Zugpaare mit Dampf, das vierte als Schienenbus. Das Historama ist von Ende Juni bis Mitte September täglich (10 – 18 Uhr) geöffnet. Das Lendcanal-Tramway verkehrt samstags/sonntags im Juli und August.

Info: Nostalgiebahnen in Kärnten, Postfach 27, A-9028 Klagenfurt, Tel. 0463 / 740-368

Der 1990 gegründete Verein „Nostalgiebahnen in Kärnten" ist in verschiedenen Bereichen tätig: Auf der Localbahn Ferlach–Weizelsdorf wird die alte Tradition der „Rosentaler Dampfbummelzüge" fortgesetzt, und zwar mit den vereinseigenen Dampfloks 88.103 und 93.1332 sowie einer Garnitur aus zweiachsigen Spantenwagen mit offenen Plattformen, außerdem dem Schienenbus VT 10.01. Die Sammlung des „Historama", eines Museums für Technik und Verkehr, umfaßt Eisen- und Straßenbahnen, Fahrzeugmodelle in verschiedenen Spurweiten, eine Modellbahnanlage und historische Straßenfahrzeuge. Im Museumsheizhaus St. Veit an der Glan, das vor dem Abbruch gerettet wurde, stehen weitere NBiK-Fahrzeuge. Das Lendcanal-Tramway bietet auf einer 1 km langen Strecke durch ein Naturschutzgebiet Pferde- und Dieselbetrieb; weitere Fahrzeuge dieser Straßenbahn sollen auf dem geplanten „Seetramway Klagenfurt" eingesetzt werden.

Bild: Robert Schrempf

Das 1-PS-Gefährt mit nostalgisch gekleideter „Besatzung“ bei Rainbach.

Starke Zugpferde

Museumsbetrieb: beim Bahnhof Kerschbaum

INFO

Rainbach, der Ausgangspunkt der Pferde-Eisenbahn, liegt 7 km von Freistadt entfernt, das mit Regionalzügen von Linz aus erreicht werden kann (Kursbuchstrecke 14d).

Betrieb: Von Mai bis Oktober verkehren die beiden Pferdewagen an Wochenenden und Feiertagen von 10 bis 16 Uhr, im Juli und August auch werktags von 14 bis 16 Uhr. Zusätzliche Fahrten an den Adventssonntagen. Gleichzeitig sind Museumsbesichtigungen möglich.

Info: Freunde der Pferde-Eisenbahn, Kerschbaum 51, A-4261 Rainbach,
Tel. 07949 / 6800

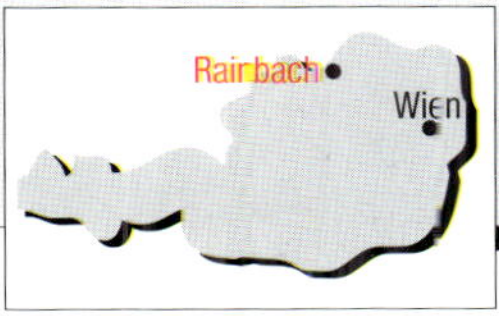

Die erste Eisenbahnverbindung auf dem europäischen Kontinent ging nach verschiedenen Verzögerungen 1827 in Betrieb: es war die Strecke Gmunden–Budweis, die vor allem dem Salztransport diente und auf der die „Züge“ mit Pferden gezogen wurden. Sehr bald setzten sich die lokomotivbespannten Züge durch, und 1872 verkehrte der letzte Pferdebahnzug. Die Trasse wurde teilweise von einer Normalspurlinie übernommen, der Rest verfiel. 1952 erwachte der ehemalige Scheitelbahnhof Kerschbaum wieder zum Leben, und in Handarbeit entstanden ein Nachbau des Luxuswagens „Hannibal“ sowie der offene Gesellschaftswagen „Franz Josef“, die seitdem auf einer 500 m langen Strecke verkehren. Die Gewölbestallungen des Bahnhofs geben den passenden Rahmen für ein Museum ab, das nicht nur die Geschichte dieser Bahn nachzeichnet, sondern auch einen Einblick in den Lebensstil sowie den technischen Stand der damaligen Zeit vermittelt.

Heizhaus in der Sommerfrische

Eisenbahnmuseum

1890 wurde die Salzkammergut-Lokalbahn eröffnet, die Salzburg mit dem bekannten Kurort Bad Ischl verband, der auch als kaiserliche Sommerfrische diente, und die eine touristisch sehr attraktive Region erschloß. Das technisch anspruchvollste Teilstück zwischen Strobl und St. Lorenz wurde in nur zweijähriger Bauzeit realisiert, so daß Kaiser Franz Joseph I. bereits am 11. Juli 1893 von Gastein kommend mit der fertiggestellten Lokalbahn nach Ischl zur Sommerfrische weiterreisen konnte. Exakt ein Jahr später (Juli 1894) waren auch die letzten 3,5 km vom provisorischen Lokalbahnhof Ischl zum Ischler Staatsbahnhof verwirklicht, womit die nun ingesamt 63,2 km lange Bahnlinie ihre endgültige Gestalt erreicht hatte. SKGLB, Wolfgangseeschiffahrt und die Zahnradbahn auf den Schafberg verhalfen dem Salzkammergut auch im benachbarten Ausland zu großer touristischer Popularität, was sich in den stetig steigenden Fahrgastzahlen niederschlug (ca. 400.000 Personen im Jahr 1914). Die Währungskrise nach dem Ersten Weltkrieg und die Wirtschaftskrise in den dreißiger Jahren sollten sich auch für diese Schmalspurbahn fatal auswirken; durch das Ausbleiben der Sommerfrischler war es nicht mehr möglich, größere Investitionen zu tätigen. Nach dem Zweiten Weltkrieg, die Bahn war in der Zwischenzeit in den Besitz der Länder Salzburg und Oberösterreich übergegangen, nahmen die Fahrgastzahlen auf dieser traditionsreichen Bahnstrecke weiter ab. Die dringend notwendige Modernisierung der Lokalbahn (Bahnkörper und Elektrifizierung) wurde infolge der fehlenden Mittel versäumt. Daher kam es bereits 1950 zu ersten Finanzierungsengpässen und alle Rettungsversuche blieben erfolglos. 1957 wurde die Linie stillgelegt. Um die Erinnerung an diese Bahn wachzuhalten, wurde in dem Heizhaus des Bahnhofs Mondsee, dem einzigen Bahngebäude, das sich noch im Originalzustand befindet, ein Museum geschaffen und 1996 eröffnet. Neben verschiedenen, informativen Fotos und Gegenständen kann man dort auch die betriebsbereite Dampflok 4, die Lok 9, einen Personen-, einen Dienst- und zwei Güterwagen besichtigen, die auf der Bahnlinie im Einsatz standen. Der zweiachsige Salonwagen S 152 soll nach der Rekonstruierung auch hinzukommen. Der Verlauf der Zweiglinie St. Lorenz–Mondsee ist auf einer Modellanlage dargestellt. Es besteht berechtigte Hoffnung, daß von Mondsee aus in naher Zukunft rund 4 km der alten Trasse reaktiviert werden können, zumal ja betriebsfähige Fahrzeuge vorhanden wären.

INFO

Mondsee, ein Ort am westlichen Ende des gleichnamigen Sees im Salzkammergut, kann im öffentlichen Verkehr nur mit dem Bus ab Salzburg erreicht werden (häufige Abfahrten). **Öffnungszeiten:** Das Museum in dem ehemaligen Heizhaus (Adresse: Seebadstraße 2, A-5310 Mondsee) ist von Ende Mai bis Mitte September an Wochenenden und Feiertagen von 10 bis 12 Uhr und von 14 bis 17 Uhr geöffnet, im Juli und August zusätzlich freitags von 14 bis 17 Uhr.

Info: Heimatbund Mondseeland, SKGLB-Museum, A-5310 Mondsee, Tel. 06232 / 22 70

BILD: MARKUS INDERST

Der Stainzer-Flascherlzug wartet in Metterdorf auf die Abfahrt (23.05.1998).

Mit der Urinflasche zum Kurpfuscher

Museumsbetrieb: von Stainz nach Wohlsdorf

Im November 1892 wurde die Schmalspurbahn Stainz–Preding-Wieselsdorf (760 mm Spurweite) als Nebenstrecke der Graz-Köflacher Bahn eröffnet. 1932 erfolgte die Schließung für ein Jahr, doch nach dem Zweiten Weltkrieg gab es einen betrieblichen Höhepunkt, bevor der Personenverkehr 1950 endgültig aufgegeben wurde. Der Rollbockverkehr wurde Ende März 1980 ebenfalls eingestellt. Während die Strecke ursprünglich 11,25 km lang war, endet der Museumsbetrieb an der 1980 errichteten Haltestelle Wohlsdorf, weil das gemeinsame Gleis mit der Normalspurbahn aufgegeben wurde. Eine Verlängerung bis Preding-Wieselsdorf ist jedoch denkbar. Die Bezeichnung „Flascherlzug“ stammt aus den z wanziger Jahren, als viele Fahrgäste den „Höllerhansl“, einen Kurpfuscher, aufsuchten und für die „Diagnose“ ein Fläschchen Urin mitbrachten. Die Geschichte des heutigen „Flascherlzuges“ begann 1971, als für eine Sonderfahrt zwar die Schmalspurlok „S 11“, aber keine Wagen zur Verfügung standen. Heute sind insgesamt sieben Personenwagen vorhanden.

INFO

Stainz liegt in der südwestlichen Steiermark; nächstgelegener Bahnhof ist Preding-Wieselsdorf an der Strecke Graz–Lieboch–Wies-Eibiswald der Graz-Köflacher Bahn (Kursbuchstrecke 55). **Betrieb:** Vom 1. Mai bis 31. Oktober an Wochenenden und Feiertagen eine Abfahrt in Stainz um 15 Uhr; bei mindestens 30 Voranmeldungen verkehrt ein weiterer Zug um 10 Uhr. Alle Fahrzeuge stammen aus den Jahren 1894 bis 1908.

Info: Marktgemeinde, A-8510 Stainz,
Tel. 03463 / 2203-12
www.byronny.at/bahn/stainz/index.html

BILD: DIETMAR ZEHETNER

Lok 298.53 mit Personenzug bei Sommerkubermühle am wildromantischen Bach.

Die erste 760 mm-Bahn in Österreich

Museumsbetrieb: von Steyr nach Grünburg

1888 wurde die Konzession für eine Lokalbahn mit 760 mm Spurweite erteilt. Damit handelte es sich um die erste derartige Bahn in Österreich. Der Anschlußbahnhof wurde nicht in Steyr, sondern im benachbarten Garsten erstellt, weil es dort genügend Platz für ein Heizhaus und eine Werkstatt gab. Die etappenweise Eröffnung begann am 20. August 1889 und zog sich bis Oktober 1909 hin, die ebenfalls etappenweise Schließung begann bereits in den dreißiger Jahren, setzte sich von 1967 bis 1980 fort, und am 28. Februar 1982 erfolgte das Aus. Am 15. Juni 1985 nahm die ÖGEG den Museumsbetrieb zwischen Steyr und Grünburg auf. Der Fahrzeugbestand ist umfangreich: Dampfloks 298.102 und 106, die 1888 –1891 für die Linie gebaut wurden, 298.52 und 53, die bis zuletzt im Einsatz waren, Heißdampflok 498.04, Heeresfeldbahnlok 699.103, Werkbahnlok 170.4, eine rumänische Waldbahn- und drei zweiachsige Dieselloks. Zweiachsige Spanten- und Haubendachwagen sowie diverse Güterwagen sind ebenfalls vorhanden.

INFO

Steyr wird von St. Valentin aus, wo Anschluß an die Westbahn besteht, mindestens im Zweistundentakt mit Eil- und Regionalzügen bedient (Kursbuchstrecke 13). **Betrieb:** Von Anfang Juni bis Ende September verkehren auf der 17 km langen Strecke Steyr Lokalbahnhof–Grünburg an Samstagen zwei, an Sonntagen drei (Dampf-)Zugpaare. **Fahrzeit:** 1 Stunde. Sonderfahrten an den Adventssonntagen sowie am 8. und 31. Dezember.

Info: ÖGEG, Postfach 11, A-4018 Linz, Tel. 0664 / 3812 298 oder 07257 / 71 02 – http://members.magnet.at/dz/steyrtal.htm

BILD: DIETMAR ZEHETNER

Im Bahnhof Mauterndorf, selbst ein Museumsstück, rangiert die 298.56.

Haubendach-Museumszüge

Museumsbetrieb: von Mauterndorf nach St. Andrä-Andlwirt

Der Abschnitt Tamsweg–Mauterndorf, eigentlich Schlußstück der schmalspurigen Murtalbahn (Spurweite: 760 mm), wurde 1973 für den Personen- und 1978 für den Güterverkehr geschlossen. Seit mehr als zehn Jahren betreibt dort eine eigene Gesellschaft, die mehrheitlich dem „Club 760“, Verein der Freunde der Murtalbahn, gehört, eine Museumsbahn. Diese fährt den Bahnhof Tamsweg nicht an, sondern endet im nahegelegenen Haltepunkt St. Andrä-Andlwirt. Die Gebäude des unter Denkmalschutz stehenden Bahnhofs Mauterndorf wurden jedoch vollständig restauriert. Die Museumszüge aus zweiachsigen Haubendachwagen werden von den Dampfloks 298.56 und 699.01 (in weinroter Farbgebung) geführt, zu denen sich 1999 die hauptuntersuchte 2091.03 gesellte. Weitere Fahrzeuge sind in dem Museum hinterstellt, das sich in Frojach befindet: z.B. Dampflok „S 7“ der Salzkammergut-Lokalbahn, Kh 111 der StLB sowie die 764-219 der Rumänischen Waldbahnen. Die 1978 vom „Club 760“ errichtete Fahrzeughalle besitzt drei Gleise.

INFO

Die Murtalbahn (Kursbuchstrecke 63) zweigt in dem IC-Haltebahnhof Unzmarkt von der Südbahn ab. **Betrieb:** Von Mitte Juni bis Mitte September verkehrt an Wochenenden nachmittags ein (Dampf-)Zugpaar von Mauterndorf aus, von Anfang Juli bis Mitte August ein weiteres am Vormittag sowie an den Freitagen. Besucher des Museums in Frojach melden sich vorher beim „Club 760" an.

Info: Club 760, Postfach 51, A-8850 Murau, Tel. 06472 / 7088 oder 7687 (während der Betriebszeiten)
– http://privat-stb-citynet.de/strubel/C760/

BILD: DIETMAR ZEHETNER

Bummelzug mit Fahrradwagen und Dampflok zwischen Aflen und Hinterberg.

Bummelzug als Retter der Strecke

Kampf um den Museumsbetrieb

INFO

Kapfenberg, der Ausgangspunkt der Thörlerbahn, liegt an der Südbahn (Kursbuchstrecke 5), wenige Kilometer vom Bahnknotenpunkt Bruck an der Mur entfernt. Es ist kein Betrieb mehr möglich, da alle brauchbaren Fahrzeuge verkauft, die übrigen verschrottet wurden. Obwohl in einem Gutachten festgehalten wird, daß die „lange Variante", die Strecke Kapfenberg–Seewiesen, sinnvoll wäre, scheint höchstens noch die „kurze Variante", Thörl – Seewiesen, denkbar. Diese besäße allerdings keine Anbindung an den öffentlichen Nahverkehr, und ein neuer Lokschuppen müßte gebaut werden.

Info: Verein Thörlerbahn, Postfach 2, A-8600 Bruck an der Mur
– www.bahn_sembach.de/tbahn.html

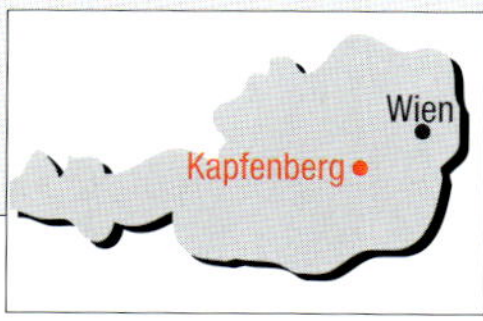

Nachdem der Betrieb auf dem Schlußabschnitt Aflenz–Seebach-Turnau der schmalspurigen Thörlerbahn, die in Kapfenberg begann, eingestellt worden war, stand zu befürchten, daß die Gleisanlagen abgebrochen werden. Deshalb verfolgte der Verein Thörlerbahn zusammen mit den betroffenen Gemeinden die Idee, von Kapfenberg aus Bummelzüge mit Dampfloks nach Seebach-Turnau fahren zu lassen. Da auch die Betreiber der Strecke, die Steiermärkischen Landesbahnen, mithalfen, konnte am 14. September 1991 der Betrieb aufgenommen werden. Pfingsten 1995 fuhr die „Z 6", die vom „Club 760" leihweise zur Verfügung gestellt worden war, wieder auf ihrer früheren Heimatstrecke. 1998 erlosch die Konzession der StLB für die Thörlerbahn, und der Verein erhielt trotz intensiver Bemühungen keinen Mietvertrag für die Strecke von der Steierischen Landesregierung, weil die Bahntrasse an einigen Stellen der Verbreiterung der Straße im Wege ist.

BILD: DR. HELMUT PETROVITSCH

Sonderzug mit Tw 3 auf der Stubaitalbahn (Haltestelle Nockhofweg).

Das „Localbahnmuseum“

Straßenbahnmuseum und Nostalgiefahrten

1983 wurde die Stubaitalbahn, die Innsbruck mit Fulpmes verbindet, auf Gleichstrom umgestellt und stadtseitig zum Innsbrucker Hauptbahnhof verlängert. Damit hatte der alte Stubaital-Bahnhof seine Funktion verloren, und der Verein „Tiroler Museumsbahnen“ richtete dort ein Museum ein, in dem sämtliche Lokal- und Straßenbahnen Nord- und Südtirols mit Fotos und Originalexponaten dokumentiert werden. Hinzu kommen Postkarten und Literatur über das Eisenbahnwesen in Tirol. In einer jährlich wechselnden Ausstellung wird jeweils eine Bahn im Detail vorgestellt, wofür ein separater Raum zur Verfügung steht. Die ehemalige Remise der Stubaitalbahn beheimatet Originalfahrzeuge der Innsbrucker Straßen- sowie der Stubaitalbahn, die aus den Jahren 1892 bis 1960 stammen. Besonders interessant ist eine „Schneekehre“ aus dem Jahre 1909. Einige der Exponate sind betriebsfähig und kommen bei Sonderfahrten zum Einsatz, z.B. beim 100-Jahr-Jubiläum der Innsbrucker Straßenbahnen im Jahre 1991, andere Fahrzeuge warten auf ihre Restaurierung.

INFO

Das „Localbahnmuseum“ des Vereins „Tiroler Museumsbahnen“ kann man mit den Straßenbahn-Linien 1 und 6 sowie mit der Stubaitalbahn erreichen. **Öffnungszeiten:** Von Mai bis Oktober, jeweils samstags von 9 bis 17 Uhr; an den Öffnungstagen wird vom Stadtzentrum aus ein Zubringerdienst mit einer historischen Straßenbahn angeboten: Abfahrt jeweils um 10.30 und 14.30 Uhr an der Haltestelle Maria-Theresien-Straße.

Info: Tiroler Museumsbahnen, Stubaitalbahnhof, A-6020 Innsbruck, Tel. 0512 / 293-087 oder 344-571

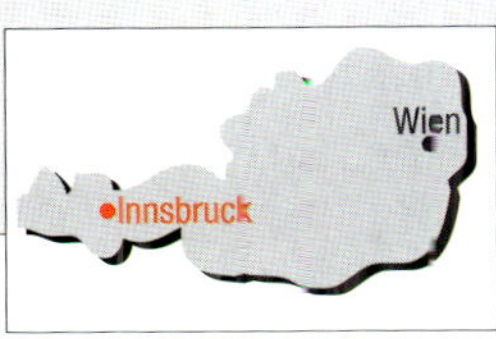

Bild: Dietmar Zehetner

Triebwagen 234 während einer Schulfahrt zwischen St. Johann und Rettenbach.

Fahrzeugschau in der Kleinbau-Remise

Straßenbahnmuseum und Museumsbetrieb

Der 1972 gegründete Verein „Grazer Straßenbahn-Museum" will die historisch wertvollen Fahrzeuge der Grazer Straßenbahn sowie die in der Grazer Waggonfabrik hergestellten Fahrzeuge erhalten. Um die Arbeit des Vereins zu unterstützen, waren die Grazer Verkehrsbetriebe bereit, die Straßenbahnen auf ihrem Netz zu hinterstellen und dort auch restaurieren zu lassen. Im Laufe der Jahre gesellten sich zu den Grazer Fahrzeugen solche aus Wien, Innsbruck, Osijek, Dubrovnik, Zagreb, Subotica, Szombathely, München und Amsterdam. 1983 konnte der Verein seine Sammlung in der Remise der ehemaligen „Kleinbahn Graz–Mariatrost" zusammenfassen. Zu den Originalfahrzeugen kamen auch kleinere Exponate wie Fahrscheine, Entwerter, Uniformen, Fahrpläne und Fotos sowie eine Modellanlage. Besonders interessant sind der Triebwagen 22 (Baujahr 1899) und der 1880 gebaute Beiwagen 36B, aber auch der Triebwagen 117 (Baujahr 1909), der mit dem Beiwagen 60B für Sonderfahrten eingesetzt wird.

INFO

Das Museum liegt direkt an der Endstation „Mariatrost" der Straßenbahnlinie 1. **Öffnungszeiten:** Von Mitte Juni bis Mitte September, jeden Mittwoch, Donnerstag und Freitag von 16 bis 19 Uhr, jeden Samstag von 9 bis 12 Uhr. Sonderfahrten: Von Mitte Juni bis Mitte September jeweils freitags mit einem historischen Straßenbahnwagen (Abfahrt: 17 Uhr beim Museum).

Info: Tramway-Museum Graz, Mariatroster Straße 202, A-8044 Graz – Geschäftsstelle: Keplerstraße 105, A-8020 Graz, Tel. 0316 / 7070-12

BILD: CHRISTIAN DITTMER

Die Schienenbusgarnitur trägt die Bezeichnung „Stahl-Zug“ (20.09.1996).

Mit dem Schienenbus durchs VOEST-Stahlwerk

Nostalgiefahrten

Der 1994 gegründete Verein hat das Ziel, erhaltungswürdige, Industriebahnfahrzeuge zu restaurieren und wieder in Betrieb zu setzen. In einem ersten Schritt wurde eine Komposition aus Schienenbussen der Baureihen 5081/6581 gekauft, die man zum sogenannten „Stahl-Zug“ umbaute und für Rundfahrten auf dem Gelände der Voest Stahl Linz einsetzt. Durch die Fahrten, die sich großer Beliebtheit erfreuen, soll der finanzielle Grundstock geschaffen werden, um die als Denkmallok beim Lokomotivdepot stehende Dampflok „Dora“ zu reaktivieren, die 1922 gebaut und von 1941 bis 1967 bei der Voest eingesetzt wurde. Wenn passende Personenwagen beschafft werden können, soll ein Dampfzug (zusammen mit den Schienenbussen) bei den Rundfahrten, aber auch bei Sonderfahrten außerhalb des Werksgeländes zum Einsatz kommen. Auf einem Grundstück, das von der Voest zur Verfügung gestellt wurde, hat der Verein einen eigenen Lokschuppen erstellt, der mit dem gleichen Fachwerksystem gebaut wurde, das bei der Renovierung des Kölner Hauptbahnhofs Anwendung fand.

INFO

Linz ist mit allen Zügen der Westbahn (Kursbuchstrecke 1) zu erreichen; zum Stahlwerk, das nicht zu übersehen ist, kommt man mit Bussen der Linzer Verkehrsbetriebe ESG. Rundfahrten über das weitläufige Werksgelände (Kokerei, Kraftwerk, Sinteranlage, Hochofen, Stahlwerk, Kaltwalzwerk und Versandhallen) finden nur auf Bestellung statt, auf Wunsch mit Speis und Trank.

Info: Club Dora, Ing. Prieler, Voest-Alpine-Straße 3, A-4020 Linz,
Tel. 0732 / 6586-9184

BILD: MICHAEL VOELINGER

Dampflok 399.03 mit Sonderzug unterwegs in Litschau (04.10.1997).

Rettung historischer Anlagen und Fahrzeugen

Nostalgiefahrten

INFO

Gmünd liegt im nördlichen Waldviertel und ist mit der Franz-Josefs-Bahn (Kursbuchstrecke 8) zu erreichen. **Betrieb:** Über das ganze Jahr hinweg verkehren Sonderzüge – Osterhasen-, „Schmankerl"-, Advents-, Nikolaus-, Weihnachts-, Silverster- und Marktzüge. Planbetrieb findet von Juli bis September, jeweils samstags und sonntags mit zwei, freitags mit einem Zugpaar zwischen Altnagelberg und Heidenreichstein statt (Fahrzeit: 2 Stunden). Die genauen Termine müssen erfragt werden.

Info: Waldviertler Schmalspurverein, Postfach 1, A-3950 Gmünd NÖ, Tel. 01 / 889-9536 oder 0664 / 358-1099 – www.byronny.at/bahn/wsv/

Der 1987 gegründete Verein, dem auch zahlreiche Gemeinden und Betriebe an den nördlichen Linien der Waldviertler Schmalspurbahnen angehören, will eigene sowie gemietete Eisenbahn-Fahrzeuge museal oder betriebstüchtig erhalten und die 13 km lange Zweiglinie Heidenreichstein–Altnagelberg, die von der ÖBB-Strecke Gmünd NÖ–Litschau abzweigt, so unterhalten, daß ein Fahrbetrieb möglich bleibt. Außerdem betreut er die aus kultureller bzw. technischer Sicht interessanten Anlagen und Gebäude an den beiden Nordästen der Waldviertler Schmalspurbahnen. Dazu gehört auch der Streckenabschnitt nach Litschau, der von den ÖBB nur noch im Güterverkehr betrieben wird und einstellungsgefährdet ist. Für die Sonderzüge, die von Heidenreichstein über Aalfang und Langegg nach Altnagelberg fahren, kommen interessante Fahrzeuge, z.B. die Diesellok JW 100 „Christa" oder die Dampflok 399.02, mit zweiachsigen Personenwagen zum Einsatz.

Straßen- und U-Bahnen

BILD: MARKUS INDERST

Am 14. Juli 1997 wartet auf der Linie 6 der Innsbrucker Verkehrsbetriebe (IVB) ein Nostalgiezug mit Ziel Igls auf seine Abfahrt.

Triebwagen 33, ex Bielefeld, auf der Linie 1 vor der Wiltener Basilika.

Mit der Straßenbahn in die Tiroler Berge

Innsbrucker Verkehrsbetriebe und Stubaitalbahn GmbH (IVB)

Die Keimzelle des schienengebundenen Nahverkehrs in der Tiroler Landeshauptstadt war die 1891 eröffnete meterspurige, dampfbetriebene „Lokalbahn Innsbruck–Hall in Tirol". Diese 1909 elektrifizierte Lokalbahn wurde trotz guter Frequenz im Jahre 1974 eingestellt, um damit dem Ausbau der Straßen Platz zu machen. Zwei Stadtlinien, die Mittelgebirgsbahn nach Igls und die Stubaitalbahn nach Fulpmes sind aber – obwohl zeitweilig auch über ihnen das Damoklesschwert der Einstellung hing – erhalten geblieben. Die Stubaitalbahn wurde 1983 von Wechselstrom auf Gleichstrombetrieb umgestellt, was einerseits eine stadtseitige Verlängerung zum Hauptbahnhof und andererseits den Ersatz des aus der Anfangszeit des Betriebes stammenden Fahrzeuge durch gebrauchte Duewag-Gelenkwagen ermöglichte. Duewag-Gelenkwagen – ob neu als Lizenzbauten oder aus zweiter Hand von deutschen Verkehrsbetrieben – prägen das Bild der Innsbrucker Verkehrsbetriebe. Das Investitionsprogramm für die nächsten zehn Jahre sieht die Ausschreibung von 23 neuen Straßenbahnwagen vor, die den gesamten Wagenpark ersetzen sollen.

INFO

Innsbruck ist wichtiger Verkehrsknotenpunkt. **Kursbuchstrecke:** Stubaitalbahn 32, übrige Linien nicht enthalten, Linien: zwei Stadt - und zwei Überlandlinien, **Streckenlänge:** 33,8 km, **Spurweite:** 1000 mm.

Wagenpark: die Hauptverkehrslast ruht auf 18 sechsachsigen Einrichtungstriebwagen

Infos: Innsbrucker Verkehrsbetriebe (IVB) GmbH, Pastorenstraße 5, A-6010 Innsbruck, Tel. 0512 / 5307-193 – www.ivb.at

BILD: ERNST LASSBACHER

Die Straßenbahn wirbt fürs Radio; Linie 1 am 07.06.1998 in der Ferihumerstraße.

Große Tram auf schmaler Spur

Linzer Elektrizitäts-, Fernwärme- und Verkehrsbetriebe AG (ESG)

Wie üblich, begann es auch in Linz mit der Pferdebahn – heute besitzt die oberösterreichische Landeshauptstadt hinsichtlich Streckenausstattung den modernsten Straßenbahnbetrieb Österreichs, die ungewöhnliche Schmalspur von 900 mm ist aber bis heute erhalten geblieben. Dabei hat es um die Straßenbahn nicht immer gut ausgesehen: 1968 verschwand die Querlinie M, 1973 endete der Verkehr nach Ebelsberg. 1977 wurde aber in Urfahr die Neubaustrecke nach Auhof (Johannes–Kepler–Universität) eröffnet, 1985 kam in Kleinmünchen eine weitere nach Auwiesen dazu, womit das Linzer Straßenbahnnetz die größte Ausdehnung seiner Geschichte erreichte. An der Wiedererrichtung einer Straßenbahnstrecke nach Ebelsberg wird gearbeitet. Der ursprünglich zweiachsige Wagenpark ist ab 1970 durch Duewag-Gelenkwagen ersetzt worden, wobei Linz die einzigen Zehnachser Österreichs besitzt. Bemerkenswert ist auch die meterspurige Pöstlingbergbahn von Urfahr auf den Pöstlingberg. Die steilste Adhäsionsbahn Österreichs verwendet noch Rollenstromabnehmer.

INFO

Linz liegt an der Westbahn Wien–Salzburg. **Kursbuchstrecke:** kein Eintrag, **Linien:** 2, **Streckenlänge:** 15,3 km, **Spurweite:** 900 mm.

Fahrzeugpark: 14 achtachsige und 28 zehnachsige Einrichtungs-Gelenkwagen von Bombardier in Duewag-Lizenz; 18 Niederflur-Triebwagen „Cityrunner" von Bombardier sind bestellt.

Info: ESG-Verkehr, Fichtenstrasse 7, A-4021 Linz, Tel. 0732 / 7301-7400 – www.esglinz.co.at.

Foto: Ernst Lassbacher

Triebwagen 604, Linie 7, auf der Hauptbrücke am 23.06.1999.

Steierische Vielfalt

Grazer Stadtwerke AG – Verkehrsbtriebe (GVB)

Die steirische Landeshauptstadt besitzt Österreichs zweitgrößten Straßenbahnbetrieb. Und dieser zeigt sich recht bunt – nicht nur wegen der zahlreichen Totalwerbungswagen. Die knappen Budgetmittel erlaubten immer nur den Ankauf kleiner Serien von Wagen, zum Teil gebraucht aus Deutschland. Verschwunden sind mittlerweile die Achtachser aus Wuppertal, aber eine bewährte Serie von 17 achtachsigen Gelenktriebwagen des Typs „Mannheim“ steht noch immer vollzählig im Einsatz. Dazu gibt es Gelenkwagen mit nachträglich eingefügten Niederflur-Mittelteilen und vier weitere Achtachser, ex Sechsachser, österreichische Nachbauten des Typs „Mannheim“ und schließlich noch 18 Sechsachser der klassischen Duewag-Bauart. Diese werden aber in den nächsten Jahren durch Niederflur-Triebwagen des Typs „Cityrunner“ von Bombardier ersetzt. Diese Fahrzeugvielfalt spielt sich auf einem Netz mit zahlreichen eng verwinkelten Gassen, die nur eine maximale Wagenbreite von 2,2 m erlauben, und auf eingleisigen Außenstrecken in die Vororte Mariatrost und Puntigam, ab.

INFO

Graz liegt an der Südbahn von Wien nach Slowenien (Fahrplanfeld 5), **Kursbuchstrecke:** kein Eintrag, **Streckenlänge:** 29,7 km, **Linien:** 6, **Spurweite:** 1435 mm.

Wagenpark: 18 sechsachsige und 43 achtachsige Gelenktriebwagen. Bereits bestellt sind 18 Niederflur-Triebwagen des Typs „Cityrunner“ von Bombardier.

Infos: Grazer Verkehrsbetriebe AG, Andreas-Hofer-Platz 15, A-8011 Graz,
Tel. 0316 / 887-0 – www.gvb.at

FOTO: ERNST LASSBACHER

Linie D mit E2 4009, Fahrtrichtung Südbahnhof, am Dr. Karl Renner Ring.

Das größte Duewag-Paradies

Wiener Linien GmbH & Co. KG

1865 gab es die ersten Pferdebahnen in Wien, und 1897 begann das Zeitalter der elektrischen Straßenbahn. Seit 1958 mußten zwar etliche Linien dem Bus und nach 1978 der U-Bahn weichen, dennoch zählt das Wiener Straßenbahnnetz zu den größten der Welt. Über die Ringstraße mit ihren gründerzeitlichen Prachtbauten oder in den vielbesungenen Heurigenvorort Grinzing kann man immer noch mit der Straßenbahn fahren. Man muß dabei allerdings mit österreichischen Nachbauten der berühmten Duewag-Gelenkwagen samt vierachsigen Großraumbeiwagen vorlieb nehmen, denn die einst so typischen Wiener Holzkastenwagen gibt es nur noch im Wiener Straßenbahnmuseum. Wien ist aber dafür geradezu ein Duewag-Paradies – obwohl die Ausmusterungen schon begonnen haben, verkehren hier weit mehr Duewag-Fahrzeuge, als von irgend einer deutschen Stadt je beschafft wurden. Doch auch die Zukunft hat schon begonnen: Niederflurtriebwagen mit der weltweit niedrigsten Einstieghöhe von nur 18 Zentimetern auf den Linien 6, 65 und 67.

INFO

Wien ist Knotenpunkt mehrerer internationaler Magistralen, unter anderem endet hier die Westbahn. **Kursbuchstrecke:** kein Eintrag, **Streckenlänge:** 183 km, **Linien:** 33, **Spurweite:** 1435 mm.

Wagenpark: 407 sechsachsige Triebwagen der Typen E und E1 (Duewag), 122 sechsachsige Triebwagen der Typen E2 (Typ „Mannheim"), 40 Niederflurtriebwagen „Ulf".

Info: Verkehrslinien Wien, Erdbergstraße 202, A-1030 Wien, Tel. 01 / 7909-44000 – www.wienerlinien.co.at

BILD: ERNST LASS BACHER

Ein Wagen des Wiener Straßenbahnmuseums beim Zentralfriedhof (01.06.1996).

Vor dem Schneidbrenner gerettet

Straßenbahnmuseum und Nostalgiefahrten

Obgleich heute im Regelbetrieb der Wiener Straßenbahn nur noch Duewag-Fahrzeuge und moderne Niederflurwagen zu finden sind, läßt sich doch die Entwicklung des Wagenparks von den Anfängen bis in die jüngste Zeit anhand von Originalfahrzeugen nachvollziehen. Die politischen und wirtschaftlichen Zeitereignisse hatten zur Folge, daß die Wiener Verkehrsbetriebe erst sehr spät eine Erneuerung ihres Wagenparks einleiten konnten – da waren aber schon engagierte Straßenbahnfreunde zur Stelle, die Exemplare aller wichtigen Wagentypen vor dem Schneidbrenner retteten und restaurierten. Hatten sich die Aktivitäten anfangs auf zwei Vereine beschränkt, so gaben die „Wiener Linien" 1985 einen würdigen Rahmen, indem sie im ehemaligen Betriebsbahnhof Erdberg das „Wiener Straßenbahnmuseum" einrichteten und die recht umfangreiche Sammlung der beiden Vereine durch eigene Exponate ergänzten. Auf diese Weise entstand das größte Straßenbahnmuseum der Welt, das sich mit der Geschichte eines einzigen Verkehrsbetriebes befaßt.

INFO

Mit der U-Bahn-Linie U3 oder mit den Straßenbahnlinien 18 und 72 bis zur Haltestelle Schlachthausgasse, von dort kurzer Fußweg (Wegweiser beachten). **Öffnungszeiten:** Von Mai bis Anfang Oktober jeden Samstag, Sonn- und Feiertag (außer bei auswärtigen Veranstaltungen des Museums) von 9.00 bis 16.00 Uhr. Straßenbahnen können auch für private Sonderfahrten gemietet werden.

Info: Wiener Straßenbahnmuseum, Erdbergstraße 109, A-1030 Wien,
Tel. 01 / 7909 44900, Sonderfahrten: Tel. 01 / 892 1334 (VEF) oder 01 / 985 4553 (WTM)

BILD: ERNST LASSBACHER

Linie U4, Haltestelle Pilgramgasse, fotografiert am 8. März 2000.

Im Untergrund der Donaumetropole

Wiener Linien GmbH & Co. KG

INFO

Anreise: vergl. Straßenbahn Wien (S. 151), **Kursbuchstrecke:** kein Eintrag, **Streckenlänge:** 40,6 km, Linien: 5, **Spurweite:** 1435 mm.

Wagenpark: 136 Doppeltriebwagen des Typs U (Schaltwerksteuerung), 117 Doppeltriebwagen des Typs U1 (Drehstromantrieb). Der Prototyp einer neuen Fahrzeuggeneration (Sechswagenzug mit durchgehendem Innenraum) wird 2000 erprobt. Für die Linie U6 stehen 48 sechsachsige Zweirichtungs-Triebwagen des Typs E6 (Typ „Mannheim“) sowie 78 Niederflurtriebwagen des Typs T zur Verfügung.

Info: Verkehrslinien Wien, Erdbergstraße 202, A-1030 Wien, Tel. 01 / 7909 44000, – www.wienerlinien.co.at

Bereits 1898 wurden die ersten Strecken der Stadtbahn als weitblickend konzipiertes S-Bahn-Netz durch die K.k. Staatsbahnen eröffnet. Nach dem Ersten Weltkrieg übernahm die Stadt Wien drei Strecken des Netzes und betrieb sie fortan mit straßenbahnähnlichen Fahrzeugen. Der rasch zunehmende Autoverkehr ließ in den sechziger Jahren die Planungen für ein modernes U-Bahn-Netz, in das auch die Stadtbahn einbezogen werden sollte, in ein konkretes Stadium treten. Die erste Bauphase umfaßte bis 1982 die Linien U1, U2 und U4, denen bis Ende 2000 die Linien U3 und U6 folgten. Während die Linien U2 und U4 dem neuen Betriebssystem der U-Bahn mit seitlicher Stromschiene angepaßt wurden, fährt die Linie U6 auch heute noch mit Oberleitung und modifizierten Straßenbahnwagen. Komplett neu gebaut wurden nur die Linien U1 und U3. Zukunftspläne sehen die Verlängerung der U1 nach Leopoldau und der U2 nach Stadlau vor.

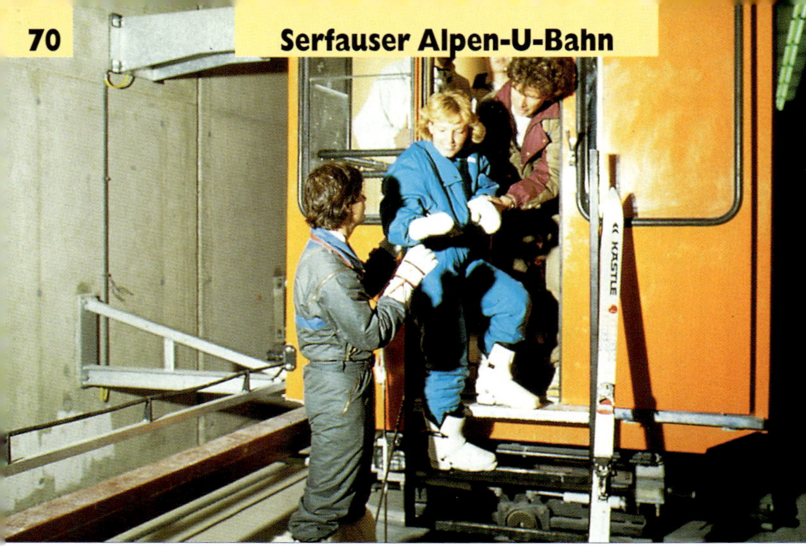

BILD: TOURISMUSVERBAND SERFAUS

Notausstieg und Front des Luftkissen-Fahrzeugs im Tunnel unter dem Dorf.

Die kleinste U-Bahn der Welt

Seilbahn Komperdell GmbH

Der Skitourismus bringt zwar den Bergdörfern in den Alpen willkommene Einnahmen, aber auch erhebliche Belastungen durch den Autoverkehr. Verschiedentlich werden daher die Autofahrer bereits am Ortsrand zu großen Parkplätzen geleitet und von dort mittels Autobussen zu den Skiliften befördert. Die Tiroler Gemeinde Serfaus, in rund 1400 m Seehöhe gelegen, brachte aber auch dies keine optimale Lösung. So ersann man den Bau einer U-Bahn quer durch den Ort unter der für den allgemeinen Verkehr gesperrten Hauptstraße. Ebenso ungewöhnlich wie eine U-Bahn in einer Gemeinde mit nur 900 Einwohnern ist auch das Betriebssystem. Die beiden ständig zu einer Einheit gekuppelten Fahrzeuge verkehren nicht auf Schienen, sondern auf einem Luftpolster und werden von einer stationären Maschine mittels Seilzug angetrieben. Die Höchstgeschwindigkeit beträgt 40 km/h. Mit dem U-Bahn-Zug können bis zu 1500 Personen pro Stunde und Richtung befördert werden. Im Dorf und am Dorfeingang wird die Einhaltung des Fahrverbotes durch hauptamtliche Kontrolleure streng überwacht.

INFO

Ab dem Bahnhof Landeck an der Arlberglinie Innsbruck–Bludenz (Fahrplanfeld 4) verkehren Postbusse nach Serfaus. **Kursbuchstrecke:** kein Eintrag, **Streckenlänge:** 1280 m, Linien: 1, **Spurweite:** kein Schienenverkehr.

Betriebszeiten: nur während der Skisaison von Mitte Dezember bis Ostern.

Info: Komperdellbahnen, Dorfbahnstraße 75, A-6334 Serfaus, Tel. 05476 / 6203, www.serfaus.at

EÖEMK-Gartenbahnanlage (Nenngröße 1) in Köttmannsdorf bei Klagenfurt.

BILD: SAMMLUNG MANFRED SCHNEIDER

Vor dem H0-Depot steht die 1044.70, die 1042.582 und die 1044.204.

Nachbau der Südbahn

EÖEMK Zweigstelle Klagenfurt

Die Modulanlage der Zweigstelle Klagenfurt des Ersten Österreichischen Eisenbahn Modellbau Klubs ist im rund 12 km von Klagenfurt entfernten Köttmannsdorf aufgebaut. Die sehr aktive H0-Gruppe hat eine 75-teilige Modulanlage zusammengestellt. Die erste Anlage dieses Stils wurde in Villach im Veranstaltungssaal einer Pfarre im Rahmen eines Modulwettbewerbes vorgeführt. Damals reifte das Vorhaben durch den Bau weiterer Module für eine größere Anlage. Ab Herbst 1994 war es nach Verhandlungen gelungen, in einer im Winter für das Eisstockschießen genützten Halle in Köttmannsdorf die Erlaubnis zum Bau einer Modulanlage zu bekommen. Die Streckenführung umfaßt einen exakten 1:87-Nachbau der Südbahn, speziell der Südbahnbrücke über die Wernberger Drauschleife der Strecke Klagenfurt–Villach.
Westlich der Draubrücke befindet sich sowohl im Vorbild wie im Modell die filigrane Betonträgerbrücke über die Südbahn mit dem nachgebildeten, ostseitig der Brücke gelegenen Drau-Radweg. Auf dem H0-Modell verkehren auch selbstgebaute Fahrzeuge.

INFO

Köttmannsdorf ist leider mit den öffentlichen Verkehrsmittel schlecht zu erreichen, am besten fährt man von Klagenfurt über die Autobahn.

Geöffnet von Juni bis September, jeweils von Freitag bis Sonntag an jedem zweiten Wochenende im Monat von 10 bis 18 Uhr.

Besonderes: Empfehlenswert ist ein Abstecher in das Verkehrsmuseum St. Veit/Glan mit einer sehenswerten Modellbahn.

BILD: SAMMLUNG MANFRED SCHNEIDER

Auf vorbildgerechte Ausgestaltung der Landschaft wurde besonderer Wert gelegt.

550 m Gleis und zwei große Bahnhöfe

ESV Knittelfeld

In den Räumlichkeiten der ehemaligen Kegelbahn im Keller des Bahnhofgebäudes Knittelfeld befindet sich die Modellbahnanlage des ESV Knittelfeld. Hinweisschilder und ein Signal weisen dem Besucher den Weg.

Seit nunmehr 25 Jahren wurde in mühevoller Kleinarbeit der 100 m² große Keller zunächst für den Einbau der Modellbahn adaptiert. Die vorgegebene Räumlichkeit bestimmte im Wesentlichen auch die Form der Anlage mit 550m Gleislänge – zwei große Bahnhöfe, die mit einer zweigleisigen Strecke verbunden sind. Selbstverständlich werden auch kleine Bahnhöfe durchfahren. Ebenso sind eine Straßenbahn und eine Schmalspurbahn vorhanden. Für den Verkehr auf der Straße sorgen „Faller car system"-Fahrzeuge, die vor den Eisenbahnkreuzungen auch anhalten und erst nach der Vorbeifahrt des Zuges ihre Fahrt fortsetzen. Beim Eintreten in den Raum fällt sofort ein Jahrmarkt auf, der durch zahlreiche bewegliche Attraktionen besticht. Der große Verschubbahnhof mit Abrollberg zeigt einen Teil der über 100 m langen kompletten Fahrleitungsanlage.

INFO

Knittelfeld ist von Wien, Graz oder Villach aus mit IC- und Eilzügen der ÖBB zu erreichen (Kursbuchstrecke 6).

Geöffnet von Mai bis September jeden Freitag von 10-12 Uhr und 13-17 Uhr. An den Advents- und Weihnachtstagen seperate Öffnungszeiten.

Info: Eisenbahn-, Museums- und Nostalgieclub Knittelfeld, Zugförderungsleitung, Alnbachallee 14, A-8720 Knittelfeld, Tel. 03512 / 86464

BILD: SAMMLUNG MANFRED SCHNEIDER

Der ehemalige Bahnhof St. Lorenz wurde von Herwig Gerstner nachgebaut.

In liebevoller Detaillierung fabriziert

SKGLB Mondsee

Das SKGLB-Museum in Mondsee, in den Räumlichkeiten der ehemaligen Wagenhalle der SKGLB, besitzt neben der sehenswerten Ausstellung restaurierter Fahrzeug auch eine Modellbahnanlage. Von Herwig Gerstner wurde in liebevoller Detailarbeit der Bahnhof St. Lorenz der SKGLB in 1:87 (H0) nachgebildet. Die Gleisanlagen entsprechen dem Ursprungszustand nach der Eröffnung der Bahnlinie von St. Lorenz nach Mondsee. Die Gebäude wurden nach den Originalplänen in liebevoller Detaillierung fabriziert. Es wurde auch auf die Innenausstattung mit Zwischenböden und Mobiliar Wert gelegt. Ebenso wurde aufgrund von alten Postkarten und Zeichnungen das Gelände weitgehend nachgestaltet. Die Erweiterung mit einer kleinen Strecke zum Bahnhof Mondsee befindet sich in Planung. Für die Abwicklung des Betriebes auf der Anlage werden weitgehend auf Industriemodellen basierende Fahrzeuge herangezogen. Zahlreiche Umbaufahrzeuge bieten dem Besucher einen Einblick in die damalige Typenvielfalt.

INFO

Mondsee, ein Ort am westlichen Ende des gleichnamigen Sees im Salzkammergut, kann im öffentlichen Verkehr nur mit dem Bus ab Salzburg erreicht werden (häufige Abfahrten). **Öffnungszeiten:** Das Museum in dem ehemaligen Heizhaus (Adresse: Seebadstraße 2, A-5310 Mondsee) ist von Ende Mai bis Mitte September an Wochenenden und Feiertagen von 10 bis 12 Uhr und von 14 bis 17 Uhr geöffnet, im Juli und August zusätzlich freitags von 14 bis 17 Uhr.

Info: Heimatbund Mondseeland, SKGLB-Museum, A-5310 Mondsee,
Tel. 06232 / 22 70

BILD: SAMMLUNG MANFRED SCHNEIDER

Die filigran nachgebauten Viadukte entstanden im Eigenbau.

80 m² in exakten Maßstäben

MBV Mexikoplatz

1984 übersiedelte der Klub in die heutigen 185 m² großen Räumlichkeiten im ehemaligen Expedit der Wiener Verkehrsbetriebe am Mexikoplatz 1 im 2. Bezirk.
Nach eingehender Planung wurde mit dem Bau einer 80 m² großen Modellbahnanlage in H0 begonnen. Besonderer Wert wird auf die vorbildgerechte Detaillierung gelegt, so werden z.B. die Fahrleitungsmasten exakt im Maßstab 1:87 nachgebaut und die Fahrleitung aus 0,4 mm Kupferdraht wie beim Vorbild gespannt.
Die herausragenden Stücke dieser Anlage sind die Brückenmodelle der Lindischgarbenbrücke der Tauernbahn mit der maßstäblichen Länge von 3,23 m sowie die beiden Schnellbahnbrücken über den Wienfluß.
Besonderer Wert wird auch auf den vorbildlichen Betrieb mit österreichischen Loks und Triebwagen gelegt. Neben Industriefahrzeugen sind sehenswerte Selbstbauten im Einsatz. Die Steuerung der Stellwerke erfolgt weitgehend mittels Computer. Der Fahrbetrieb kann wahlweise von Hand oder über ein Automatikprogramm ablaufen.
Der Selbstbau erfolgt in einer eigenen angeschlossenen Werkstätte. Als besonderer Service wird die Möglichkeit der Überholung von Modellbahn-Fahrzeugen angeboten.

INFO

Erreichbar mit der Wiener U-Bahn Linie U 1 bis zur Haltestelle Mexikoplatz. Von dort aus zu Fuß bis zur Haus-Nr. 1.

Zu besichtigen ist der Klub jeden Montag und Donnerstag von 17 bis 21 Uhr bei freiem Eintritt. Spenden willkommen.

Olympiabahn oberhalb Innsbrucks: Abt'sche Ausweiche in luftiger Höhe – auf Brückenkonstruktion ohne Fluchtweg.

BILD: DR. HELMUT PETROVITSCH

Standseilbahnen

BILD: DR. HELMUT PETROVITSCH

Talstation der Kandaharbahn im Tiroler Ski- und Ferienort St. Anton.

Dem Skisport verpflichtet

St. Anton am Arlberg / Tirol

Zum Durchbruch verhalf der Standseilbahn als neuzeitlichem Verkehrsmittel verhalf der Schweizer Ingenieur Roman Abt, der 1879 eine Weiche für den Standseilbahnantrieb entwickelte. Weltweit wurden bisher etwa 450 Standseilbahnanlagen gebaut. In Österreich entstand mit der Wiener Leopoldsbahn im Jahre 1873 die erste ihrer Art. Sie mußte allerdings bereits drei Jahre später wieder den Betrieb einstellen. Es dauerte 15 Jahre, bis die Salzburger Festungsbahn eröffnet wurde. Sie besteht noch heute. Die längste Standseilbahn im Land ist die Gletscherbahn Kaprun (3900 m), mit 90 Prozent Steigung darf die Pasterzenbahn den Weltrekord in Sachen Neigungswinkel in Anspruch nehmen.Nicht ganz so spektakulär präsentiert sich die Kandaharbahn ihren Besuchern, und doch erschließt sie ein großartiges Ski- und Wandergebiet am Arlberg.

St. Anton, der Name bürgt für sich, ist in der ganzen Welt bekannt. Direkt hinter dem ÖBB-Bahnhof nimmt die im Jahre 1972 eröffnete Kandaharbahn ihren Ausgang. Doch der Bahnhof wird

INFO

St. Anton liegt an der Arlberglinie Bludenz–Innsbruck. Autofahrer benutzen die S 16, Ausfahrt St. Anton (es gibt allerdings keine Parkplätze bei der Talstation). Die Fahrzeit bis zur Bergstation Gampen dauert nur wenige Minuten, dabei werden 536 Höhenmeter überwunden. Die beiden Wagen sind mit einer Fahrgeschwindigkeit von 10 m/sec unterwegs und fassen je 120 Fahrgäste.

Infos: Arlberger Kandaharbahnen AG, Tel. 05446 / 235-2100, A-6580 St. Anton, www. stantonamarlberg.com – Mayr-Wanderkarte Nr. 1, „St. Anton“ (1:35 000).

im November 2000 wegen der Ski-WM 2001 auf die gegenüberliegende Talseite verlegt. Die 1413 m lange Trasse der Bahn wurde von den Konstrukteuren durchgehend auf Brücken angelegt.
Der Name Kandahar ist eng mit dem Skisport verknüpft. Im März 1928 wurde das erste internationale Skirennen des Skiclubs Arlberg und des englischen Kandaharclubs in St. Anton durchgeführt. Hierzu fand sich praktisch die gesamte damalige Ski-Elite am Arlberg ein. Die Rennen fanden am Galzig statt, der seit 1937 mit einer Seilschwebebahn erschlossen ist. Die schnelle, geländemäßig coupierte Strecke war jahrzehntelang der Inbegriff der alpinen Skiwelt.
Der Bau einer ersten Sesselbahn auf den Gampen erfolgte im Jahre 1955 – sieben Jahre nach der Installation des Slalom-Schleppliftes. Doch es sollten nochmals 17 Jahre vergehen, bis die Kandahar-Standseilbahn eröffnet werden konnte.

Gampen auf 1846 m Seehöhe ist in erster Linie Umsteigestation. Viele Besucher fahren mit der Sesselbahn weiter hinauf zum 2326 m hohen Kapall. Von hier aus läßt sich die Weißschrofenspitze (2752 m ü.M.) über einen nicht enden wollenden Zickzack-Bergweg besteigen.
Doch auch der Gampen bietet eine Reihe lohnender Wanderziele hoch über dem Stanzertal. Viele Ausflügler schlendern durchs Steißbachtal und den Arlensattel zur Bergstation der Galzig Seilschwebebahn. Die Wanderung dauert etwa eineinhalb Stunden und dabei müssen 211 Höhenmeter bezwungen werden. Natürlich ist es auch sehr schön, von der Bergstation der Kandaharbahn über den Arlenweg nach St. Anton abzusteigen. Der gut ausgebaute Pfad führt durch lichten Bergwald, wobei man unterwegs auch die Trasse der Kandaharbahn kreuzt. Hier läßt sich der Wagen vor der Kulisse des Sulzbergkopfs ablichten.

Bild: Ronald Gohl

Blick vom Galzig auf das Stanzertal und die Kandahar-Bergstation Gampen.

BILD: PITZTALER GLETSCHERBAHNEN

Die Gletscher-U-Bahn unterquert den Mittagskogel in rasantem Tempo.

Mit Höchstgeschwindigkeit durch den Tunnel

St. Leonhard-Mittelberg / Tirol

INFO

Bei der Abfahrt Imst zweigt man von der Inntalautobahn ab und fährt auf der ganzjährig geöffneten Straße bis Mittelberg. Bahnreisende steigen in Imst-Pitztal in den regelmäßig verkehrenden Postbus um. Im Innerpitztal (St. Leonard und Mittelberg) stehen 2200 Betten zur Verfügung. Der Pitz-Expreß ist eine unterirdisch im Pendelverkehr betriebene Standseilbahn mit Abt'scher Ausweiche. Der Antrieb befindet sich in der Bergstation. Die Fahrzeit beträgt 8 Minuten, nochmals 9 Minuten sind es mit der Gondel bis auf den Hinteren Brunnenkogel.

Infos: Pitztaler Gletscherbahn GmbH, A-6481 St. Leonhard-Mittelberg, Tel. 05413 / 86288, www.pitztal.at – Kompass-Wanderkarte Nr. 32, „Ötztaler Alpen" (1:50 000).

Wer regelmäßig mit dem ICE oder TGV fährt, wird eine Geschwindigkeit von „nur" 12 m/s, das sind knapp 44 km/h, kaum aufregend finden. Fährt man aber ins Pitztal und nimmt in der unterirdischen Standseilbahn Platz, so hat man schon wenige Meter nach der Abfahrt das Gefühl, nun im Alpen-ICE zu sitzen. Der Pitz-Expreß jagt mit scheinbar rasanter Geschwindigkeit durch die 37,6 % geneigte Tunnelröhre. Vermutlich erscheint den Fahrgästen das Tempo so unglaublich hoch, weil die Tunnelwände so eng und steil sind.
Das 35 km lange Pitztal hat in den letzten Jahren einen markanten touristischen Aufschwung erlebt. Trotz dieser Entwicklung blieben die gemütliche Tiroler Atmosphäre und die Naturschönheiten weitgehend erhalten.
St. Leonhard und Mittelberg sind die hintersten Pitztaler Dörfer, sie liegen im Herzen der Ötztaler Alpen. Keine andere Berggruppe der Ostalpen wird mehr von Schnee und Eis geprägt. Die Ötz-

Die Pitz-Panoramabahn wird über 3 Stützen (28 m, 49 m und 50 m) geführt.

taler Alpen erstrecken sich von Nauders an der italienisch-schweizerischen Grenze bis ins Ötztal bei Sölden und gegen Süden weit nach Südtirol hinein. Mit 3774 m ist die Wildspitze nicht nur der höchste Berg der Ötztaler Alpen sondern von ganz Tirol, außerdem gilt der Gipfel als zweithöchster Berg Österreichs.

BILD: RONALD GOHL

Die „Eiswüste“ rund um die Wildspitze hat relativ spät ihre alpine Jungfräulichkeit verloren. Im Januar 1982 rückten die ersten Baumaschinen vor und begannen einen Tunnel durch den Mittagskogel (3162 m) zu bohren. Dieser mächtige Felsriegel bildet den Talschluß und verwehrt von St. Leonhard und Mittelberg aus die Sicht auf Wildspitze und

Brunnenkogel. Die Fräsarbeiten wurden von einer 60 Tonnen schweren Robbins-Stollenvortriebsmaschine durchgeführt. Nach14 Monaten war das 3.800 m lange Loch gebohrt. Dabei wurde ein Gesteinsvolumen von insgesamt über 60.000 m^3 ausgebrochen, was ungefähr 10.000 LKW-Ladungen entspricht. Bekanntlich werden alle Tunnels nach ihrer Fertigstellung getauft – und so heißt das wohl wichtigste Loch im Tal nun Annemarie-Stollen, benannt nach der berühmten österreichischen Skiläuferin Annemarie Moser-Pröll. Im Dezember 1983 konnte die Gletscher-U-Bahn feierlich eingeweiht werden. Sie verhalf dem Tal zum definitiven wirtschaftlichen Durchbruch, denn seither gilt der Pitztal-Gletscher als eines der wichtigsten Skigebiete der Ötztaler Alpen. Vom Erfolg beflügelt, entstanden viele neue Hotels im Tal – und am Berg selbst wurden neue Schlepplifte und die Pitz-Panoramabahn gebaut. Diese erschließt als höchste Seilbahn Österreichs den Hinteren Brunnenkogel (3.440 m) und ist auch Nicht-Skifahrern zugänglich. Zwar gibt es auf dem Gipfel kein Restaurant, dafür aber ein überwältigendes Panorama mit Blick von der Wildspitze über den Südtiroler Ortler (3.906 m) bis zum 3.756 m hohen Weißkugel. Insgesamt stehen 16 Gondeln mit einem Fassungsvermögen von 25 Personen zur Verfügung, jeweils vier Gondeln verkehren in einer Gruppe. Dank der unterirdischen Führung der Standseilbahn wurden dem Berg kaum sichtbare Wunden zugefügt. Über die Gletscher-Erschließung haben sich nicht alle Alpinisten gefreut, man muß jedoch auch das Anliegen der Talbewohner verstehen, die nicht alleine von ihren kargen Kartoffeläckern leben können. Dank dem Skitourismus ist heute ein Auskommen im Tal möglich.

BILD: RONALD GOHL

Trotz Tourismus hat die Natur nichts von ihrer Schönheit eingebüßt.

BILD: BURGHARD FILZER

Imposantes Viadukt: Insgesamt wurden 1000 t Stahl in acht Monaten verbaut.

Auf Stelzen zum Hoadlgipfel

Axams / Tirol

Die Alpenstadt Innsbruck hatte das Glück, daß innerhalb von nur zwölf Jahren gleich zweimal die Olympischen Winterspiele hier durchgeführt wurden – nämlich 1964 und 1976. So entstanden bereits in den frühen sechziger Jahren die ersten Sesselbahnen und Schlepplifte, die im Hinblick auf die IX. Olympischen Spiele in der Axamer Lizum errichtet wurden. Schon bald zeigte sich, daß das Geld im Tourismus gut investiert war. Die erfolgreiche wirtschaftliche Entwicklung und der Aufstieg der Axamer Lizum zu einem prominenten alpinen Skigebiet waren zu Beginn der siebziger Jahre der Anlaß, um über eine leistungsfähigere Aufstiegshilfe nachzudenken. In die gleiche Zeit fiel der Entscheid des Olympischen Komitees, die XII. Olympischen Spiele wieder in Innsbruck durchzuführen.

Die klimatischen Erfahrungen in der Lizum verlangten nach einer geschlossenen, witterungsgeschützten Beförderung der Fahrgäste. Weil auch eine Zwischenstation realisiert werden sollte, schied die Errichtung einer Großkabinenbahn von Anfang an aus. Damit kam nur

INFO

Axams liegt auf einer Hochterrasse über dem Inntal und ist von Innsbruck aus über eine kurvenreiche Straße zu erreichen. Die Talstation liegt in der Axamer Lizum (1572 m). Diese erreicht man über die Hoadl-Bergstraße. Die Standseilbahn mit einer Spurweite von 1427 mm überwindet einen Höhenunterschied von 762 m bei einer maximalen Neigung von 54 %.

Infos: Fremdenverkehrsverband, A-6094 Axams, Tel. 05234 / 682-40, www.axamer-lizum.at – Kompass-Wanderkarte Nr. 36, „Innsbruck und Umgebung" (1:50 000).

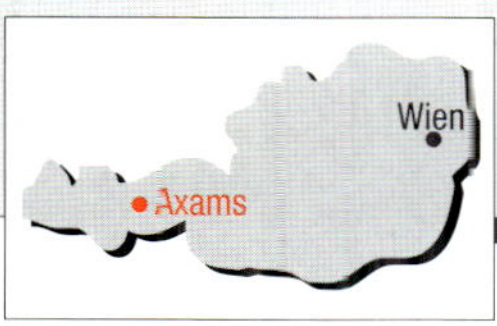

Olympia-Bahn

BILD: BURGHARD FILZER

Je Wagen können in sechs abgestuften Abteilen 120 Personen befördert werden.

noch der Bau einer Kabinenumlaufbahn oder einer Standseilbahn in Frage. Schließlich entschied sich die Gesellschaft für das schienengebundene Verkehrsmittel. Die Vorteile der Standseilbahn lagen auf der Hand: günstigere Gestehungskosten, geringerer Personalbedarf, außerordentlich hohe Lebensdauer (in Österreich laufen immer noch Standseilbahnen, die vor über 70 Jahren erbaut wurden), damit auch geringere Unterhalts- und Reparaturkosten – und ganz wichtig – eine im Vergleich zu Kabinenumlaufbahnen deutlich kleinere Windanfälligkeit. In nur 35 Monaten mußte die Anlage von der Lizum auf den Hoadlgipfel errichtet werden, denn im Februar 1976 sollte die neue Bahn zur Eröffnung der XII. Olympischen Winterspiele von Innsbruck planmäßig verkehren. Aus Zweckmäßigkeitsgründen entschloß man sich erstmals, den Antrieb der Bahn entgegen den bisherigen Gepflogenheiten in die Talstation zu verlegen, nicht zuletzt auch deshalb, weil in dem unwirtlichen Berggelände der Transport von größeren Gewichtseinheiten Schwierigkeiten bereitet hätte. Außerdem konnte so eine sehr kostenaufwendige Stromzuführung aus dem Tal bis zur Bergstation vermieden werden. Ungewöhnlich ist auch die Trasse der Bahn, besteht sie doch aus einer durchgehenden Stahlbrücke, die auf einer Länge von 2065 m direkt von der Tal- zur Bergstation führt. 145 Stützen waren hierzu erforderlich. Daß beim Bau einer Standseilbahn soweit als möglich auch Naturschutzüberlegungen zu berücksichtigen sind, war eine Selbstverständlichkeit. So wurde die Anlage im sichtbaren Talbereich der Lizum in unmittelbarer Bodennähe und nicht, wie es einer technischen Ideallinie entsprochen hätte, in Baumwipfelhöhe geführt. Aus diesem Grund liegt der tiefste Punkt der Talstation 11 m unter dem Bodenniveau, und so kann man von einer eigentlichen Metrostation sprechen.
Das Olympiadorf Axams liegt am Nordfuß der Stubaier Alpen auf einer Höhe von 874 m ü.M. – die Bergstation befindet sich auf 2334 m ü.M. Nicht nur Skitouristen kommen hier während der kalten Jahreszeit auf ihre Kosten, auch im Sommer steht die Bahn in Betrieb. Die Bergstation erschließt ein sehr beliebtes Wandergebiet – das Panorama hinunter ins Inntal und hinüber zum Karwendel darf sich sehen lassen.

Foto: IVB

Die Hungerburgbahn befördert bis zu 1100 Personen je Stunde und Richtung.

Hohe Berge, starke Stadt

Innsbruck / Tirol

INFO

Innsbruck am Inn ist ein internationaler Bahnknotenpunkt. Von Norden treffen die Züge aus München ein, gegen Süden führen die Gleise über den Brenner nach Italien. Im Westen liegen der Arlberg und die Schweiz, nach Osten fährt man mit der Bahn nach Salzburg und Wien. Besonders reizvoll ist die Übernachtung in Igls. Das Dorf erreicht man mit der Strassenbahn-Linie 6. Die Standseilbahn überwindet auf ihrer 839 m langen Trasse einen Höhenunterschied von 285 m (Fahrgeschwindigkeit 4 m/s).

Infos: Innsbrucker Verkehrsbetriebe (IVB) GmbH, Pastorenstraße 5, A-6010 Innsbruck, Tel. 0512 / 5307-193, www.ivb.at oder www.innsbruck.at – Mayr-Wanderkarte Nr. 20, „Innsbruck–Igls–Hall in Tirol“ 1:35 000).

800 Jahre liegen zwischen dem Bau der ersten Brücke über den Inn, „Ynsprugg“, bis zur heutigen, zweifachen Olympiastadt Innsbruck. Nicht nur die Habsburger hatten ein Faible für die von hohen Bergen umgebene Stadt, Innsbruck ist auch ein beliebtes Ausflugsziel für die Münchner – erreicht man doch die „Schatzkammer der Alpen“ in etwas mehr als zwei Stunden mit der Bahn. Schätze gibt es hier genug zu entdecken; nicht nur das weltberühmte Goldene Dachl in der Altstadt – majestätitsch sind vor allem die hohen Berge. Über den Dächern von Innsbruck bildet die Nordkette eine felsige „Naturfassade“, und allgegenwärtig ist der Kontrast alter Traditionen mit der Vitalität einer modernen Stadt.

Mit der Straßenbahn-Linie 1 erreicht man in wenigen Minuten die Hungerburgbahn. Neben der Talstation der Standseilbahn befindet sich am Rennweg 39 das Riesenrundgemälde. Auf 1000 m^2 Leinwandfläche wird die

Schlacht am Bergisel von 1809 dargestellt: ein einmaliges Kunstwerk von enormer Perspektivenwirkung (Öffnungszeiten täglich von 1. April bis 30. Oktober).
Die Hungerburgbahn verbindet die Alpenmetropole Innsbruck mit dem landschaftlich reizvollen Hochplateau im Norden der Stadt. Vor allem Familien steigen in der Zwischenstation gerne aus, denn hier kann man den höchstgelegenen Zoo Europas auf 648 m ü.M. besuchen. Zu sehen gibts mehr als 800 Alpentiere in über 140 Arten. Außerdem verfügt der Alpenzoo über das einzige Großaquarium der alpinen Fischwelt (Öffnungszeiten täglich). Bedingt durch die natürliche Geländeform findet man in der Umgebung des Alpenzoos kaum ein Parkplatz, schon allein deshalb drängt sich die Fahrt mit der Standseilbahn auf. Doch auch die weitere Fahrt bis zur Bergstation lohnt sich. Oben angekommen entdeckt man auf 858 m ü.M. den Hungerturm, der Aufschluß über den sonderbaren Namen gibt. Die Hungerburg ist aber auch ein Ausgangspunkt vieler Spazier- und Wanderwege. Zahlreiche Einfamilienhäuser gruppieren sich um die Bergstation, denn die Terrasse oberhalb der Stadt ist eine elitäre Wohngegend.
Die Hungerburgbahn wurde am 12. September 1906 feierlich eröffnet und gilt als drittälteste Standseilbahn Österreichs. Seither ist diese Einrichtung ein fester Bestandteil der Stadt. Wer noch nicht genug Höhe erreicht hat, kommt hier auch nicht zu kurz. Wenige Meter neben der Bergstation der Hungerburgbahn befindet sich die Talstation der Nordkettenbahn. Mit der Seilbahn gelangt man auf eine Höhe von 2269 m ü.M. Der Hafelekar darf sich als großartiger Aussichtsberg hoch über dem Inntal sehen lassen.

BILD: RONALD GOHL

Innsbruck: Alpenstadt am Inn – im Süden Patscherkofel und Hühnerwände.

BILD: RONALD GOHL

1985 wurde die Rosshüttenbahn grundlegend renoviert und erhielt neue Wagen.

Das ganze Jahr ein sportliches Erlebnis

Seefeld / Tirol

INFO

Seefeld liegt an der internationalen Bahnstrecke München–Innsbruck. Hier halten während der Hochsaison auch Intercity-Züge. Bis zur Talstation der Standseilbahn Seefeld–Rosshütte sind es rund 10 Gehminuten. Es stehen zwei Standseilbahnwagen, die je 120 Personen Platz bieten, zur Verfügung. Diese Fahrzeuge (Spurweite 1250 mm) legen die 2469 m lange Strecke in 7-10 Minuten zurück. Die Standseilbahn verkehrt von Pfingsten bis Oktober und von Dezember bis Ostern. Bei der Bergstation Rosshütte kann in zwei Seilbahnen umgestiegen werden.

Infos: Bergbahnen Rosshütte, Postfach 66, A-6100 Seefeld, Tel. 05212 / 2416-0, www.tiscover.com/seefeld-alpin – Mayr-Wanderkarte Nr. 15, „Seefeld“ (1:30 000).

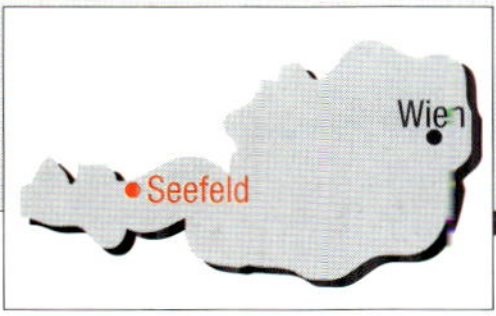

Die Anreise mit der Karwendelbahn ab Innsbruck ist schon ein Erlebnis für sich. An vielen Stellen hat man einen herrlichen Ausblick auf das Inntal. Der Bahnhof Seefeld in Tirol ist Schnellzugstation, wo jede Stunde ein Zug eintrifft. Vom Bahnhof Seefeld erreicht man nach einem gemütlicher Spaziergang von etwa zehn Minuten die Talstation der Standseilbahn Seefeld–Rosshütte. Der Weg ist gut beschildert. Jede halbe Stunde verläßt ein Wagen die Talstation in Seefeld. Die Standseilbahn fährt mit einer durchschnittlichen Geschwindigkeit von 10 m/s.
Die Fahrt geht durch Wälder und über Almwiesen, auf denen Kühe und Pferde die saftigen Almkräuter genießen. Weiter oben weiden auch Schafe. Die Pferde werden übrigens im Winter vor die in Seefeld verkehrenden Fiaker gespannt. Während der warmen Jahreszeit verbringen sie ihre „Sommerfrische“ auf der Alm. Von diesen Fiakerrössern hat die Rosshütte auch ihren Namen. Die

Rosshütte selbst, Endstation der Standseilbahn, liegt auf einer Seehöhe von 1780 m. In einer Fahrzeit von nur zehn Minuten ist der Höhenunterschied von 520 m überwunden und man genießt die beeindruckende Aussicht auf das Seefelder Plateau und sogar bis hinab ins Oberinntal.
Das reiche gastronomische Angebot des Restaurants Rosshütte lädt ein, sich für weitere Fahrten und Wanderungen zu stärken. So kann man z.B. in einer leichten einstündigen Wanderung gemütlich zurück zur Talstation marschieren. Andere Wege führen zum Härmelekopf und zum Seefelder Joch.
Für alle, die ohne Anstrengung höher hinauf wollen, sei die Härmelekopfbahn empfohlen, diese abenteuerliche Pendelluftseilbahn überspannt ein 250 m tiefes Tal – ohne Stützen! Viele Besucher steigen auch in die Seefelder Hochbahn ein; sie befördert ihre Passagiere, ebenso wie die Härmelekopfbahn, auf über 2000 m ins Hochgebirge. Vom Seefelder Joch aus sieht man bis zur Zugspitze. Und auch die einfache Wanderung zur Seefelder Spitze ist für beinahe jedermann durchführbar.
Wenn man am Abend nach einer ausgedehnten Wanderung glücklich und müde von der Rosshütte zurück ins Tal fährt, kann man das Panorama langsam verschwinden sehen. Man sitzt oder steht (je nach Andrang) dabei sicher in den zehn Tonnen schweren Wagen, welche mittels eines 3,6 cm dicken Zugseiles hinauf- und hinabgefahren werden. Das Gegenseil ist noch 2,1 cm dick und

Naturparadies Rosshütte: ausgedehnte Wanderwege erschließen die Region.

BILDER: RONALD GOHL (2)

Die kühne Seilbahnkabine zum Härmelekopf schwebt sicher über dem Abgrund.

garantiert, daß das Zugseil in den Führungsrollen bleibt.
Auch im Winter ist die Standseilbahn Seefeld-Rosshütte in Betrieb. Von Anfang Dezember bis Mitte April bringt sie Wintersportler auf die sonnigen Südwesthänge des Skigebietes. Und das nunmehr seit 30 Jahren, im Dezember 1969 hatte die Standseilbahn ihre Jungfernfahrt. Neben den schon erwähnten Pendelseilbahnen übernehmen weitere sechs Anlagen den Transport der Skifahrer und Snowboarder. Für sie stehen 17 km gepflegte Pisten in allen Schwierigkeitsgraden zur Verfügung, was das übersichtliche Skigebiet Rosshütte/Härmelekopf zu einem idealen Familienskigebiet macht. Aber auch erholungssuchende Urlauber, welche keinen Sport betreiben möchten, kommen auf ihre Kosten. Und zwar mit dem sogenannten „Sonnenpaket". Dieses beinhaltet die Berg- und Talfahrt mit der Standseilbahn, Kaffee oder Tee mit Kuchen und einen Thermoliegestuhl mit Kuscheldecke.

BILD: DR. HELMUT PETROVITSCH

Die Hartkaiserbahn von Ellmau vor der Kulisse des Wilden Kaisers.

Den Wilden Kaiser auf dem Rücksitz

Ellmau / Tirol

Um die Namensgebung der Bahn hatte sich anfänglich ein Konflikt entwickelt: Die Hartkaserhöhe (1555 m ü.M.) bietet zwar einen herrlichen Ausblick auf das nördlich davon gelegene, 2300 m hohe schroffe Massiv des Wilden Kaisers, liegt selbst aber in den sanft gewellten Kitzbühler Bergen. Findige Touristiker in Ellmau haben die korrekte topografische Benennung „Hartkaser" aber werbewirksam zu „Hartkaiser" mutiert. Die 1972 fertiggestellte Standseilbahn aus dem Weißachgraben südlich von Ellmau auf den Hartkaser war in ihrer Fertigteil-Brückenbauweise beispielgebend für eine Reihe ähnlich konzipierter Wintersportbahnen – von der Olympiabahn Axamer Lizum (1975), über die Wurzeralmbahn (1978) bis hin zur St. Luc–Tignousa-Bahn im Wallis (1996).

Die Ellmauer Bahn fährt auf voller Länge aufgeständert auf einer relativ filigran wirkenden Brückenanlage. Die Brückenfelder haben einheitliche Längen und bestehen aus den Formstahl-Hauptträgern, die die Keilkopf-Fahrschienen tragen, und einem eingeschweißten Fachwerksverband. Die „luftige" Profil-

INFO

Ellmau liegt im Tal der Weißache und ist von den Bahnhöfen Wörgl oder St. Johann (Giselabahn) aus mit dem Postbus zu erreichen. Die Talstation befindet sich am südlichen Ortsrand auf 818 m. Die Standseilbahn mit einer schiefen Länge von 2316 m überwindet einen Höhenunterschied von 707 m. Die Sommersaison dauert von Juni bis September, die Wintersaison von Dezember bis April.

Infos: Sportcenter Ellmau Going GmbH, A-6352 Ellmau, Tel. 05358 / 2320, www.skiwelt.at/ellmau/ – Kompass-Wanderkarte Nr. 09, „Kufstein – Kaisergebirge" (1:30 000).

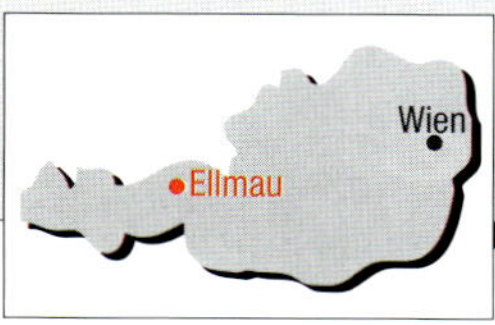

bauweise verhindert Schneeablagerungen, so daß kaum Gefahr einer Eisverkrustung an den Tragrollen besteht.
Die Hauptträger werden über viele der Stützen hinweg zu Durchlaufträgern verbunden. Die Zwischenauflagerung erfolgt im erdnahen Bereich über Gleitlager auf Betonsockeln.
Die Pendel-Standseilbahn mit Abtscher Ausweiche überwindet bei einer schiefen Länge von 2316 m eine Höhendifferenz von 707 m (Talstation: 818 m ü.M., Bergstation: 1525 m ü.M.). Derartige Sportbahnen unterscheiden sich mit vierachsigen Großraumwagen (in Ellmau für 120 Personen) und hoher Fahrgeschwindigkeit (12 m/sec, das sind 43 km/h) nachhaltig von dem eher gemächlichen Betrieb traditioneller Standseilbahnen.
Die Hartkaiserbahn ist eine stark frequentierte Aufstiegshilfe der „Skischaukel“ Söll / Scheffau / Ellmau / Hopfgarten / Westendorf, die ein zusammenhängendes Pistennetz von 90 km Abfahrten anbietet. In der Skisaison pendeln die Wagen bei entsprechendem Andrang ohne Pause, wobei der Fahrgast-Wechsel fallweise fast solange dauert wie die Netto-Fahrzeit von weniger als vier Minuten. Während der sommerlichen Wandersaison von Juni bis September fährt die Bahn allerdings nur einmal pro Stunde, es sei denn, daß zwischendurch schon mehr als 15 Fahrgäste auf Beförderung warten sollten.

BILD: SPORTCENTER ELLMAU

Im Winter erschließt die Hartkaiserbahn ein beliebtes Ski- und Snowboardgebiet.

Die älteste Standseilbahn Österreichs

Salzburg / Salzburg

Zu den meistbesuchten Sehenswürdigkeiten Österreichs gehört die Festung Hohensalzburg, größter und besterhaltener Festungsbau aus dem Mittelalter – und Wahrzeichen der Stadt Salzburg. 119 m über der Stadt gelegen, blickt das Bauwerk auf eine kriegerische Vergangenheit zurück. Doch die Festung überlebte alle Wirren der Zeit, angefangen vom 30-jährigen Krieg bis zu den alliierten Bombardements des Zweiten Weltkriegs. Zwischen 1950 und 1975 wurde die mit 30 000 m^2 größte Burg Österreichs einer gründlichen Sanierung unterzogen. Heute präsentiert sich die Hohensalzburg den Touristen wie Einheimischen nicht nur als makelloses Wahrzeichen der Stadt sondern auch als Zeichen für die Baumeister- und Ingenieurkunst des Mittelalters.
Die Festungsbahn, die seit 1892 eine rasche und sichere Alternative zum beschwerlichen Fußweg darstellt, ist aufs engste mit der Festung verbunden. Die im Jahre 1992 umgebaute Standseilbahn überwindet die 98 Höhenmeter zwischen Stadt und Burg in 92 Sekunden. Dies entspricht einer Fahrgeschwindigkeit von 5 m/s. Das moderne, grün-weisse Bähnchen erreicht die Festung unterirdisch. Wenige Meter nach der Ausweiche Mönchsberg fährt sie in einen Tunnel, der durch die Festungsmauer zur Bergstation führt. Einmal der Enge des Wagens entkommen, bietet sich den Besuchern sofort ein beeindruckendes Panorama auf die Stadt und die umliegenden Vororte.
Die Festungsbahn war schon immer eine Attraktion. Bereits in der ersten Betriebwoche vom August 1892 wurden 7896 Fahrgäste gezählt. Zu jener Zeit funktionierte die Anlage mittels Schwerkraft. In der Bergstation auf der Oberen Hasengrabenbastei wurden ca. 3 m^3 Wasser in das Fahrzeug gepumpt, so daß infolge des dadurch entstandenen Übergewichts der im Tal wartende Wagen hochgezogen werden konnte. Eine Pferdebahn diente in den Jahren 1893–99 als Zubringer. Erst Ende der Fünfzigerjahre erfolgte der Umbau zur elektrisch angetriebenen Standseilbahn. Eine mit Wasser angetriebene Bahn existiert übrigens noch heute in der Schweizer Stadt Fribourg.
Heute erinnert am Hohensalzberg kaum mehr etwas an die nostalgischen Bahnzeiten. Die heutige Anlage präsentiert sich mit allen technischen Raffinessen: automatische Bahnsteigtüren, hydraulische Federspeicherbremse, Phasenanschnittssteuerung und vieles mehr.
Der Besuch lohnt sich, denn die Festung Hohensalzberg ist auch Ausgangspunkt für schöne Spaziergänge.

INFO

Salzburg wird von München aus mit dem Intercity erreicht, schnelle und bequeme Bahnverbindungen gibt es auch über Rosenheim und Linz nach Wien (Korridorzüge) sowie über Innsbruck in die Schweiz. Die Standseilbahn mit einer Spurweite von 1040 mm fährt auf einer nur 192 m langen Trasse. Der Höhenunterschied beträgt 98 m, die Antriebsleistung 225 kW.

Infos: Salzburger Stadtwerke AG, Rosеggerstraße 2, A-5021 Salzburg, Tel. 0662 / 4480, www.stadt-salzburg.at oder die Homepage für Touristen: www.salzburginfo.or.at.

BILD: SALZBURGER STADTWERKE

Der moderne 9,3 m lange Wagen befährt die 28 m lange Eisengitterbrücke.

BILD: GASTEINER BERGBAHNEN

Von der Kitzsteinalm zur Schloßalm führt eine moderne Großkabinenbahn.

Lotteriespiel für Bahnfotografen

Bad Hofgastein / Salzburg

Die Trasse der ÖBB-Tauernstrecke beginnt schon drei Kilometer nördlich von Bad Hofgastein an der westlichen Hangflanke zu steigen, um unter Wahrung der Höchstneigung von 25 ‰ die Talschwelle hinauf nach Badgastein zu überwinden. Der Bahnhof Bad Hofgastein, in dem auch Eurocity und Intercity halten, liegt folglich am Talboden weit nördlich des Ortskerns.

Ortsnäher, aber 70 m höher am Hang befindet sich die Haltestelle Bad Hofgastein, die allerdings nur von Regionalzügen bedient wird. Bei dieser Haltestelle endet vorläufig der Zweigleisausbau der Tauern-Nordrampe, weiter bis Badgastein besteht noch unverändert die eingleisige Trasse von 1909.

Am Beginn dieses Eingleisabschnittes liegt der 89 m lange Pyrkerhöhe-Steinviadukt, der von der Standseilbahn-Trasse der Schloßalmbahn-I unterquert wird. Vollbahnzug und Standseilbahnwagen dort gemeinsam auf ein Bild bannen zu wollen, gestaltet sich allerdings in aller Regel zu einem langwierigen Lotteriespiel. Durch die zweite Viaduktöffnung führt die Skiabfahrt zur Talstation.

INFO

Bad Hofgastein liegt im Gasteiner Tal an der Bahnstrecke Salzburg–Villach. Die Talstation liegt am westlichen Dorfrand. Ganz in der Nähe ist eine Haltestelle, die aber nur von Regionalzügen bedient wird. Die Standseilbahn mit einer schiefen Länge von 1251 m überwindet einen Höhenunterschied von 459 m bei einer Steigung von 466 ‰.

Infos: Gasteiner Bergbahnen AG, Postfach 3, A-5630 Bad Hofgastein, Tel. 06432 / 6455-0, www.skigastein.com – Kompass-Wanderkarte Nr. 40, „Gasteiner Tal–Goldberggruppe" (1:50 000).

Die Schloßalmbahn stellt die erste Sektion im Anstieg auf die Kleine Scharte (2050 m ü.M.) dar. Sie führt als Pendel-Standseilbahn mit Abtscher Ausweiche mit einer schiefen Länge von 1251 m auf die 459 m höher gelegene Kitzsteinalm, wo zur Weiterfahrt in die Kabine einer Seilschwebebahn umzusteigen ist. Die durchgehende Steigung beträgt zwischen 420 und 466 ‰.
Seit dem Umbau im Jahr 1984 pendeln Vierachswagen für 120 Personen. Es waren dies in Österreich die ersten Standseilbahnwagen mit selbsttragender Kastenkonstruktion. Das Drehgestellfahrwerk weist Dreifachfederung auf, dementsprechend sind die Schienenzangenbremsen „schwimmend" aufgehängt. Die Fahrgeschwindigkeit der Schloßalmbahn beträgt seit dem Umbau 8,5 m/sec (30 km/h), zuvor waren seit 1964 kleinere Wagen für 75 Fahrgäste mit nur 4 m/sec (14 km/h) unterwegs.
Im Gasteinertal wird mit zahlreichen Bergbahnen ein Skigebiet der Superlative erschlossen. Sechs weitläufige Skigebiete, darunter auch die Skischaukel Schloßalm / Stubernkogel, mit 51 modernen Liftanlagen führen bis in eine Höhe von 2700 m ü.M. Dem Bretelfan stehen über 200 km präparierte Abfahrten und dazu noch jede Menge Tiefschneeabfahrten, Buckelpisten und Fun Parks zur Verfügung.
Im Sommer verwandeln sich die weißen Skihänge in blühende und grüne Almwiesen an der Peripherie der Hohen Tauern. Die Schloßalmbahn erschließt ein herrliches Wandergebiet zwischen Hundskopf und Mauskarkopf. Wer gut zu Fuß ist, besteigt einen der Gipfel oder kehrt in den zahlreichen Hütten oder Almen ein, die sich wie braune Tupfer über das ganze Gebiet verteilen.

BILD: GASTEINER BERGBAHNEN

Von Bad Hofgastein gelangt man mit der Standseilbahn zur Kitzsteinalm.

BILD: GLETSCHERBAHNEN KAPRUN

Als wärs ein Fahrzeug aus einer anderen Welt: der Kitz-Expreß zum Alpincenter.

3000 Meter über den Dingen stehen

Kaprun / Salzburg

Bereits in den frühen sechziger Jahren wurde der Grundstein für die Erschließung des ersten Gletscherskigebietes am Kitzsteinhorn in Kaprun gelegt. 1968 war es dann soweit: Mit seiner faszinierenden Aussicht zum Großglockner, Österreichs höchstem Gipfel (3797 m), und den Naturschneepisten bis auf eine Höhe von 3029 m gehört die Gegend um das Kitzsteinhorn nun zu den attraktivsten Skigebieten Europas. Weil das Interesse an diesem Ganzjahresskigebiet riesig war und man bald merkte, daß die Anlagen für die vielen Skifans zu klein sein werden, entschloß man sich zu einem Ausbau.

1974 konnte die „erste alpine U-Bahn der Welt", eine Standseilbahn zum Alpincenter auf 2450 m ü.M., eröffnet werden. Die Länge der Bahn beträgt 4050 m, 630 m führen über ein kühnes Stahlviadukt und 3295 m durch einen Tunnel. Zwischen Tal- und Bergstation überwinden die Passagiere in wenigen Minuten 1524 m. Die beiden Züge, „Gletscherdrachen" und „Kitzsteingams" fassen je 180 Personen. 1994 erhielten die Züge vom renommierten

INFO

Der traditionell gewachsene Ferienort Kaprun liegt nur 10 km von der nächsten Bahnstation (Zell am See), von dort aus fährt ein Bus nach Kaprun. Von Salzburg aus dauert die Fahrt mit dem Auto eine gute Stunde (90 km) – von München sind es 180 km. Übernachten kann man in den alpinen Berghütten oder in Kaprun.

Infos: Kitzsteinhorn-Gletscherbahnen Kaprun AG, A-5710 Kaprun, Tel. 06547-8700-0, www.kitzsteinhorn.at – Kompass-Wanderkarte Nr. 39 „Glocknergruppe/Zell am See" (1:50 000).

Auch die Vierer-Sesselbahn mutet wie ein „außerirdisches" Transportmittel an.

BILD: RONALD GOHL

Designerbüro Achim Storz ein neues und modernes ‚Outfit'. Mit einer Antriebsleistung von 2200 PS und einer Förderleistung von 1850 Personen pro Stunde zählt die Standseilbahn zu den leistungsfähigsten alpinen Bergbahnen. Vom Alpincenter auf 2450 m geht es dann mit einer Großkabinenbahn zur Gipfelstation auf 3029 m weiter. Diese Fahrt ist ein ganz besonderes Erlebnis, bietet sie doch die höchste Seilbahnstütze der Welt (113,6 m) sowie grandiose Ausblicke auf die Welt der Dreitausender.

Die Kapruner Gletscherbahnen bieten heute am Kitzsteinhorn insgesamt 18 moderne Seilbahnen und Lifte, traumhafte Abfahrten, Funpark, Buckel-

pisten, Höhenloipe und vieles mehr. Im Sommer fährt zwar die Standseilbahn nur ganz selten, dennoch lohnt sich ein Besuch. Ins Alpincenter gelangt man mit Kabinenumlaufbahn und Sesselbahn. Auf die Besucher warten Wanderungen und Touren im mittel- und hochalpinen Gelände, kostenlose Wanderführungen und herrliche Rundblicke von den Panoramaterrassen in den Nationalpark Hohe Tauern.
Eine Gipfelbesteigung über den Nordwestgrat zum Kitzsteinhorn empfiehlt sich nur für erfahrene, gut ausgerüstete Bergsteiger. Vom Alpincenter (2450 m ü .M.) führt eine wunderschöne aber anspruchsvolle Wanderung über die Kammscharte zu den Hochgebirgsstauseen Glockner-Kaprun (Trittsicherheit wird vorausgesetzt). Vorbei am Gletschersee gelangt man auf einem Steig zur 2689 m hohen Kammscharte. Beim Abstieg lohnt sich der Blick ins Tal: unten leuchten hellgrün die Stauseen Mooserboden und Wasserfallboden. Sie gehören zum gigantischen Kraftwerk, das nach 13-jähriger Bauzeit im Jahre 1956 fertiggestelt wurde.
Die Talstation der Kitzsteinhorn-Gletscherbahnen liegt nur wenige Kilometer außerhalb des Dörfchens Kaprun (keltisch „Chataprunnin" = wildes Wasser). In Kaprun, 931 erstmals urkundlich erwähnt, spielten Wasser und Eis schon immer eine große Rolle. Mehr als tausend Jahre schlummerte das kleine Bergdorf still vor sich hin. Mit dem Bau der Tauernkraftwerke erlebte Kaprun einen enormen Wandel. Der Durchbruch zum bedeutenden Urlaubsort gelang mit der Erschließung der Gletscherskiregion am Kitzsteinhorn. Trotz internationalen Anstrichs blieb der dörfliche Charakter mit seiner angenehmen Urlaubsatmosphäre erhalten und bietet über 30 verschiedene Sportarten.

BILD: RONALD GOHL

Traumhaftes Ganzjahresskigebiet auf dem 3000 m hohen Gletscherplateau.

BILD: TAUERN-TOURISTIK

Es ist schon ein ungewohntes Gefühl, mit dieser Plattform in die Höhe zu gleiten.

Schrägaufzug zum Stausee

Kaprun / Salzburg

Ein Wunder der Technik, in Harmonie mit Landschaft und Natur findet man in den Hohen Tauern, Salzburgerland.

INFO

Von Zell am See fährt man ins Kapruner Tal bis zum Parkplatz Kesselfall-Alpenhaus. Der Schrägaufzug wurde für den Bau der Kraftwerksgruppe Kaprun errichtet. Die Anlage mit einer Spurweite von 8200 mm steht von Ende Mai bis Mitte Oktober in Betrieb. Mit einer Fahrgeschwindigkeit von 3 m/s bezwingt der Schrägaufzug 81 % Steigung.

Infos: Tauernkraftwerk Tourismus GmbH, A-5710 Kaprun, Tel. 06547 / 7151-23201, www.gold.at/tauernkraft-tourismus – Kompass-Wanderkarte Nr. 39 „Glocknergruppe/Zell am See" (1:50 000).

Kaprun mit der Erlebniswelt „Strom und Eis" ist eines der Top-Ausflugsziele in Österreich. Beim Alpenhaus Kesselfall (Parkhaus kostenlos) gehts los: Mit Linienbussen fährt man von hier aus zum Lärchwand-Schrägaufzug – dem größten seiner Art in Europa. Er überwindet auf 820 m Länge einen Höhenunterschied von 431 m – für Bahnliebhaber ein „Muß". Mit etwas Glück erlebt der Besucher, wie selbst Busse mit diesem offenen Schrägaufzug (eigentlich eine Standseilbahn) transportiert werden. Von der Bergstation des Lärchwand-Schrägaufzugs fährt man wieder mit Bussen weiter: vorbei am Stausee Wasserfallboden zum Stausee Mooserboden. Hier hat man Gelgenheit, die herrliche Aussicht auf die Gletscher der Hohen Tauern zu genießen. Endstation ist das Bergrestaurant „Heidnische Kirche", wo man sich auch im Besucherzentrum „Erlebniswelt Strom und Eis" über die Gletscher und die E-Wirtschaft in den Hohen Tauern informieren kann.

BILD: REISSECKBAHN

Interessante Hochgebirgsbahn, die in die Welt der Reisseckgruppe führt.

Hochgebirgserlebnis in Kärnten

Kolbnitz / Kärnten

Die Fahrt mit der Reisseck-Standseilbahn ist ein Erlebnis für sich: Von der Talstation in Kolbnitz (719 m) bis zur Bergstation Schoberboden (2237 m) werden auf einer Streckenlänge von rund 3,5 Kilometern alle Höhenstufen der Vegetation durchfahren.
Der Besucher erhält einzigartige Eindrücke und läßt seinen Blick vom Großglockner über die Goldeckgruppe, bis hinein in die slowenischen und italienischen Alpen schweifen. Die in drei Sektionen gegliederte Reisseckbahn überwindet etwa 1500 Höhenmeter.
Am Schoberboden angelangt, blickt man noch einmal auf das Mölltal und das Lurnfeld hinunter, bevor man in die Höhenbahn umsteigt. 3,3 Kilometer zieht der Schienenstrang durch extremstes Hochgebirge – hoch über der Waldgrenze – bis zum Berghotel Reisseck. Wie bei einer U-Bahn sind 2,2 Kilometer als Tunnel geführt. Vom Bahnsteig des Berghotels Reisseck aus genießt man den Blick auf die nahen und dominanten Gipfel der Reisseckgruppe und auf die elegante Staumauer des Großen Mühldorfer Sees.

INFO

Mit dem Auto erreicht man die Talstation in Kolbnitz über die Tauernautobahn A10 (Abfahrt Lendorf-Möllbrücke). Wer mit dem Zug anreist, hat vom Bahnhof aus nur wenige Schritte bis zur Talstation. Die Reisseck-Standseilbahn ist 3500 m lang, die Reisseck-Höhenbahn 2250 m. Drei aneinandergereihte Schrägaufzug-Sektionen mit je einem Wagen (kein Pendelbetrieb, keine Ausweichen).

Infos: Tauern Touristik GmbH, A-9815 Kolbnitz, Tel. 04783 / 2410, www.reisseck.at – Kompass-Wanderkarte Nr. 49 „Mallnitz/Obervellach" (1:50 000).

Bild: Ronald Gohl

Mit einer Steigung von 95,5 Prozent erklimmt die Pasterzenbahn den Berg.

Höhepunkte in Serie

Franz-Josephs-Höhe / Kärnten

Auf der Jagd nach Superlativen kommt man auf Österreichs berühmtester Ausflugsplattform, der Franz-Josephs-Höhe (2677 m ü.M.), voll auf seine Kosten. Im Umkreis von nur wenigen Kilometern gibt es einiges zu bestaunen: den höchsten Berg Österreichs, den größten alpinen Nationalpark Europas, den längsten Gletscher der Ostalpen und die steilste Standseilbahn der Welt.

Beginnen wir beim höchsten Berg Österreichs: Der Großglockner, 3707 m hoch, tritt sehr bescheiden auf. Er ragt nicht als Edelpyramide aus dem Horizont des Bergkranzes, sondern begnügt sich mit der Erscheinung als kleines „Hörnchen“. So ist es denn kaum verwunderlich, wenn einen die Kinder fragen: „Du Papi, welches ist denn nun der höchste Berg im Land?“.

Die steilste Standseilbahn der Welt muß man hingegen nicht lange suchen. Unglücklicherweise steigt man auf dem Berg ein und fährt mit ihr zum Gletscher hinunter, dies wirkt noch „abschreckender“. Es gehört also eine gehörige Portion Mut dazu, wenn man in das unterste Abteil des Bähnchens steigt und in die

INFO

Über die mautpflichtige Großglocknerstraße erreicht man entweder von Zell am See bzw. Bruck im Norden oder von Heiligenblut im Süden die Franz-Josephs-Höhe (Wintersperre von November bis Mai). Auf wenigen Kilometern überwindet man über 1800 Höhenmeter. Zu empfehlen ist eine Übernachtung im Franz-Josephs-Haus auf 2369 m ü. M. (Hüttenromantik und Sonnenaufgang).

Infos: Tourismusverband, A-9844 Heiligenblut, Tel. 02824 / 2002, www.grossglockner.at – Kompass-Wanderkarte Nr. 39 „Glocknergruppe/Zell am See“ (1:50 000).

gähnende Tiefe blickt. Da sträuben sich die Nackenhaare. Mit einer maximalen Steigung von 95,5 Prozent hält die Pasterzenbahn den absoluten Weltrekord. Keine andere Schienenbahn ist steiler. Mit 88 Prozent Steigung bringt es die Schweizer Ritombahn auf Platz zwei. Der Nervenkitzel dauert allerdings nur wenige Minuten, dann steigt man auf der Höhe des Pasterzengletschers aus. Als die Bahn in den frühen sechziger Jahren gebaut wurde, reichte der Eisstrom noch bis zur Talstation. Inzwischen hat er sich jedoch zurückgebildet, so daß man noch einige Höhenmeter zu Fuß zurücklegen muß. Auf einem kleinen Wegstück darf man sich sogar auf den Gletscher wagen. Schilder warnen, den gesicherten Steig zu verlassen, denn überall lauern gefährliche Spalten.
Mit einer Länge von neun Kilometer und einer Ausdehnung von beinahe 20 Quadratkilometern gilt die Pasterze als längster Gletscher der Hohen Tau-

BILDER: RONALD GOHL (2)

Pasterze: einer der größten und eindrucksvollsten Gletscher Österreichs.

ern. Im Vergleich dazu: der Gepatschferner im Kaunertal/Tirol bringt es auf 19 km und darf sich als längster Gletscher Österreichs rühmen. Sogar 24 km lang ist der Große Aletschgletscher im Wallis/ Schweiz, seines Zeichens längster und mächtigster Eisstrom der Alpen. Doch keine Sorge, die Pasterze ist imposant genug – und wer den Ferner, wie man zu den Gletschern in Österreich sagt, hautnah erleben will, dem wird der 2,5 km lange Gamsgrub-

Von der Talstation der Pasterzenbahn steigt man zum Gletschereis ab.

weg empfohlen. Die seltenen Pflanzen, die man am Wegrand entdeckt, sind alle geschützt. Mehrere Tafeln informieren die Besucher über die kuriose Vegetation im Flugsand-Biotop. Und wer es noch nicht bemerkt hat: Wir befinden uns im Nationalpark Hohe Tauern, dem größten Naturreservat Europas. Es breitet sich auf einer Fläche von 1787 Quadratkilometern aus.

Die Franz-Josephs-Höhe wurde übrigens nach dem legendären Österreichischen Kaiser benannt. Dieser stieg im Jahre 1856 mit seiner ebenso berühmten jungen Monarchin Sissi in vier Stunden von Heiligenpunkt auf die sensationelle Aussichtsterrasse über der Pasterze. Heute hat man es etwas weniger mühsam. In den dreißiger Jahren entstand die Großglocknerstraße, die heute zu den wichtigsten Baudenkmälern Europas gezählt werden darf. Die Ingenieure und Architekten bewiesen viel Sinn für Ästhetik, so bettet sich die Straße kaum störend in das Landschaftsbild ein. Für die notwendigen Bauten wurden ausnahmslos von Hand bearbeitete Steinquader verwendet. Um auf die Franz-Josephs-Höhe zu gelangen, zweigt man unterhalb der Paßhöhe von der Großglockner-Straße ab. Eine weitere Attraktion ist die zwei Kilometer lange Stichstraße auf die Edelweißspitze. Hier kann man sogar mit dem Auto auf einen Gipfel fahren (2577 m ü.M.).

BILD: KREUZECKBAHN

Das Open-air-Vergnügen zwischen Kolbnitz und der Bergstation Kreuzeck.

Zwischen Kiefern und Latschen

Kolbnitz / Kärnten

Es ist schon ein etwas eigenartiges Bähnchen, das von Kolbnitz auf die 1211 m hohe Reisseck führt. Erstens gibts keine Türen und Fenster in den beiden Wagen – und zweitens fährt das Bähnchen an Sonntagen nicht, also ausgerechnet dann, wenn die meisten Ausflügler ins Tal kommen. Auf der anderen Seite gibts aber auch ein Pluspunkt, denn Kinder bis 15 Jahre sind in Begleitung eines Elternteils gratis. Der Open-air-Wagen gleitet lautlos an würzigen Kiefern und Latschen vorbei. Oben angekommen, genießt man erst einmal die Aussicht und vielleicht spiegeln sich im Speichersee Rosswiese, gleich neben der Bergstation, sogar die umliegenden Gipfel. Doch viele haben ein höheres Ziel, ist doch die Kreuzeck meist nur Ausgangspunkt für Wanderungen am Fusse des Salzkofels (2498 m). Besonders beliebte Tourenziele sind die Foidl-, die Kling- und die Salzkofelhütte. In den urigen Blockhütten wartet auf die Besucher eine deftige Brotzeit. Wer gut zu Fuß ist, besteigt von hier aus die Geierspitze (2403 m), den Grakofel (2551 m) oder den Salzkofel.

INFO

Mit dem Auto erreicht man die Talstation in Kolbnitz über die Tauernautobahn A10 (Abfahrt Lendorf-Möllbrücke). Wer mit dem Zug anreist, gelangt vom Bahnhof aus in 30 Gehminuten zur Talstation. Die Kreuzeck-Standseilbahn ist 1370 m lang und verkehrt von Ende Juni bis Mitte September. Während der 11-minütigen Fahrzeit wird ein Höhenunterschied von 606 m überwunden.

Infos: Touristikbüro Reisseck, A-9815 Kolbnitz, Tel. 04783 / 2060, www.carinthia.org – Kompass-Wanderkarte Nr. 49 „Mallnitz/Obervellach" (1:50 000).

BILD: GRAZER VERKEHRSBETRIEBE

Die beiden Wagen kreuzen sich problemlos dank der Abt'schen Ausweiche.

Grüne Insel in der Stadt

Graz / Steiermark

Der Grazer Schloßberg (475 m) trug eine umfangreiche Festung, die vielen feindlichen Stürmen stand hielt. Die Schloßbergbahn überwindet auf ihrer langgeschwungenen S-Kurven-Fahrt einen Höhenunterschied von 108,3 m, und dies bei einer mittleren Steigung von 60 Prozent. Die Bahn wurde 1894 errichtet und anfangs noch mit Dampf betrieben. Im Jahre 1960 wurde sie vollständig erneuert und versieht nun seit über 100 Jahren störungs- und unfallfrei ihren Dienst. Ein beliebtes Fotomotiv ist die Ausweiche, wo die beiden Wagen einander begegnen. Sie wurde vom Schweizer Bahnkonstrukteur Roman Abt entwickelt, um einen eingleisigen Betrieb zu ermöglichen. Vom Schloßberg genießt man einen herrlichen Rundblick auf Berge und Hügel in einem Umkreis von mehr als 100 km. Schon während der Fahrt auf das 108 m über der Stadt gelegene Plateau blicken die Fahrgäste auf Dächer, Kirchtürme und das grüne Umland. Oben angekommen, wartet eine Reihe von Sehenswürdigkeiten: Uhrturm, Kanonenbastei und Militärmuseum.

INFO

Graz erreicht man von München via Salzburg und Klagenfurt direkt über die Autobahn. Ebenso problemlos ist die Anreise mit der Bahn. Das kurze Stück vom Bahnhof zur Talstation der Schloßbergbahn fährt man mit Straßenbahn und Bus. Die Standseilbahn (Spurweite 1000 mm) überwindet auf einer Länge von 210 m einen Höhenunterschied von 108,3 m. Angetrieben wird die Anlage von einem Gleichstrommotor.

Infos: Grazer Verkehrsbetriebe AG, Andreas-Hofer-Platz 15, A-8011 Graz. Tel. 0316/887-0, www.gvb.at

Mit den beiden 28-Personen-Wagen zum Rudolfsturm am Fusse des Plassen.

Bergbau-Abenteuer

Hallstatt / Oberösterreich

Die malerische Siedlung am Hallstätter See verdankt ihre Entstehung den reichen Salzvorkommen am Fuße des Plassen (1954 m ü.M.). Die Standseilbahn von Hallstatt auf den Rudolfsturm überwindet einen Höhenunterschied von 325 m und bringt die zahlreichen, abenteuerlustigen Besucher zum Ausgangpunkt ihrer Tour. Nach der Auffahrt befinden sie sich im Hallstätter Hochtal – und unweit der Einfahrt ins älteste Salzbergwerk der Welt. Mit bunter Schutzkleidung ausgestattet, fährt man sodann mit der Grubenbahn in den Christina-Stollen ein. In einem ehemaligen Laugwerk wird mittels einer modernen Filmvorführung die Geschichte des Salzabbaus über die Jahrhunderte hinweg anschaulich erklärt. Über Holzrutschen führt der Weg anschließend zum faszinierenden unterirdischen Salzsee und nach ca. eineinhalb Stunden gehts mit dem „Grubenhunt" wieder zurück an das Tageslicht des Hallstätter Salzbergwerkes. Das Hallstätter Abenteuer kann man täglich von Mai bis Oktober genießen – und die Preise sind auch für Familien erschwinglich.

INFO

Die Talstation der Standseilbahn befindet sich in Hallstatt-Lahn. Von der ÖBB-Haltestelle Hallstatt aus quert man mit dem Anschlußboot den See. Mit dem Auto zweigt man in Bad Goisern von der B 145 nach Hallstatt ab. Die 1980 erbaute Standseilbahn, eine auf voller Länge (548 m) aufgeständerte Brückenkonstruktion, weist eine Neigung von 733 Promille auf.

Infos: Salinen Tourismus, Salzberstrasse 21, A-4830 Hallstatt, Tel. 06134 / 8400-2331, www.hallstatt.com – Österreichkarte Nr. 98 „Bad Ischl" (1:25 000).

BILD: BERGBAHNEN HINTERSTODER-WURZERALM

Über Brücken und durch Tunnel hinauf ins Wander- und Skigebiet.

Mit der schnellsten Standseilbahn der Welt

Spital am Phyrn / Oberösterreich

Die Region Pyhrn–Eisenwurzen liegt weitab der „klassischen“ Wintersportgebiete. Ihr primäres Einzugsgebiet ist der oberösterreichische Zentralraum, seit 1990 sind die Touristen aus Südböhmen hinzugekommen.

1978 entstand die Wurzeralm-Standseilbahn als leistungsfähiger Zubringer in das Skigebiet auf 1430 m Seehöhe. Die Talstation liegt auf 816 m Seehöhe an der Pyhrnpaß-Bundesstraße B 138 etwa zwei Kilometer nördlich der Paßhöhe. Mit gut 50 km/h gilt die Wurzeralmbahn als die schnellstfahrende Standseilbahn weltweit.

Auf einer Geländestufe oberhalb der Talstation war anfänglich eine Zusteigestelle eingerichtet worden für den Fall, daß im Frühjahr die Schneelage nicht mehr für eine Abfahrt bis zur Talstation reicht. Mit dem Einsatz von Schneekanonen hat sich das Problem inzwischen anderweitig gelöst. Im oberen Streckenteil mußten dagegen nachträglich Lawinenschutzmaßnahmen ergriffen werden, nachdem die Bahntrasse mehr als einmal von Schneemassen verschüttet worden war.

INFO

Spital am Pyhrn liegt an der ÖBB-Strecke Linz–Graz (Kursbuchstrecke 14). Die Talstation der Wurzeralmbahn befindet sich 2 km nördlich der Paßhöhe. Die Standseilbahn mit einer schiefen Länge von 2907 m überwindet einen Höhenunterschied von 616 m bei einer Fahrgeschwindigkeit von 14 m/sec. Betrieb auch während der Sommersaison.

Infos: Hinterstoder-Wurzeralm Bergbahnen AG, A-4573 Hinterstoder Tel. 07564 / 52750, www.bergbahnen.hinterstoder-wurzeralm.at – Kompass-Wanderkarte Nr. 69, „Gesäuse–Phyrn–Priel“ (1:35 000).